Contraste insuffisant

NF Z 43-120-14

Monsieur vostre pere, ayant tant contribué à l'établissement de la Religion Chrestienne dans l'Amerique, ie ne vous presentois cette petite Relation, qui en contient le progrez. Il n'a pas seulement été l'auteur du dessein qu'on prit d'enuoyer des Peres de nostre Compagnie dans les Isles, mais il en a tousiours si puissamment protegé les Missions, que si elles luy doiuent leur commencement, elles ne luy sont pas moins obligées de leur conseruation. Pour grandes, & pour illustres que soient toutes les actions de sa vie, qu'il a passée dans les premieres charges de la Iustice, & dans les affaires publiques, i'ose dire qu'il n'y en a pas de plus glorieuse que celle-cy; car si le iugement de Dieu, qui

RELATION
DES MISSIONS DES PP.
DE LA COMPAGNIE DE IESVS

Dans les Isles, & dans la terre ferme
de l'Amerique Meridionale.

DIVISE'E EN DEVX PARTIES:

AVEC VNE INTRODVCTION
à la langue des Galibis Sauuages de la
terre ferme de l'Amerique.

Par le Pere PIERRE PELLEPRAT, de
la Compagnie de IESVS.

A PARIS,
Chez SEBASTIEN CRAMOISY, & GABRIEL
CRAMOISY, ruë S. Iacques, aux Cicognes.

M. DC. LV.
Auec Priuilege du Roy, & Approbation.

A MONSEIGNEVR
MESSIRE
NICOLAS
FOVCQVET
CHEVALIER,
VICOMTE DE MELVN,
& de Vaux, Ministre d'Estat, Sur-Intendant des Finances, & Procureur General du Roy.

ONSEIGNEVR,

On m'accuseroit auec raison d'iniustice, & d'ingratitude, si

ã ij

prefere le gain d'une ame, à la conqueste de tout l'vniuers, est la regle de l'estime que nous deuons faire de chaque chose, qui peut auoir d'assez hauts sentimens d'vne entreprise qui luy en a tant acquis? Combien de François auroient fini miserablement leur vie dans le libertinage; Combien d'heretiques seroient demeurez dans l'erreur; combien d'esclaues auroient passé de leur captiuité dans vne seruitude eternelle; Enfin combien de pauures Sauuages seroient morts dans leur infidelité? si Monsieur vostre pere auoit eu moins de charité pour eux, & moins de zele pour leur salut. D'où il est aisé de iuger, MONSEIGNEVR, combien de personnes, & de nations differen-

ã iij

tes, sont interessées à prier Dieu pour vostre conseruation, & pour la prosperité de vostre illustre famille.

Vous ne vous estes pas seulement porté pour heritier des biens de Monsieur vostre pere, mais comme si la vertu étoit hereditaire en vostre maison, vous auez voulu succeder à tous les emplois de sa charité; il ne s'est point fait de Compagnie, ny d'entreprise pour la conuersion des Sauuages, dont vous n'ayez été; vous vous trouuiez si ponctuellement aux assemblées qui se faisoient en leur faueur, qu'on eust dit que vostre vnique occupation étoit de secourir ces pauures miserables. C'étoit vn effet de cette grandeur d'esprit, qui vous rend capable de tout, & qui vous a fait receuoir à dixsept ans dans vne Cour souueraine. C'est pour la mesme netteté, & solidité de iugement que vous auez esté admis à vingt & vn an dans le Conseil du Roy, où vous auez fait paroistre, dans les emplois que vous y auez eu, vne si grande probité, vne capacité si extraordinaire, & vn attachement si parfait aux interests de sa Maiesté, qu'on vous a iugé digne de deux charges, dont vne seule seroit capab l d'occuper les plus grands esprits; & toute la France voit auec combien de facilité, & de succez, vous vous en acquitez.

Chacun trouue accés auprés de vous, vous écoutez les pauures sans iamais les rebuter, & vous entendez les affaires qu'on vous propose, auec autant de patience, que si vous estiez particulier. C'est cette bonté, MONSEIGNEVR, qui donne la liberté a vn pauure Ameriquain, de vous offrir ce petit ouurage, dont le suiet ne vous sera pas desagreable; car pour ne point parler du changement des mœurs des François, de la conuersion de grand nombre d'heretiques, & de l'instruction de douze ou quinze mil esclaues; vous y verrez l'infidelité attaquée iusques dans son fort, ie veux dire l'Euangile presché dans l'Isle de S. Vincent, lieu de retraite de tous les Sauuages Caraïbes, où aucun Prestre n'auoit encore pû mettre le pied. C'est dans cette Isle, où deux de nos Peres laisserent l'année passée la vie, dont nous esperons, que le sang qu'ils respandirent auec celuy de Iesus-Christ, lors qu'ils le sacrifioient à l'Autel, sera vne semence feconde du Christianisme, non seulement dans les Isles, mais aussi dans le continent, peuplé d'vne infinité de nations barbares, destituées de tout secours, qui sont si dociles, & si bien disposées pour receuoir l'Euangile, qu'elles n'en attendent plus que la predication, pour embrasser la Religion Chrestienne. Nous auons commencé à défricher cette terre, nous y auons fait quelques Chrestiens, & nous auons preparé les voyes aux Missionnaires qu'on y voudra enuoier; pour l'vsage desquels, i'ay adiouté à la fin de cette Relation, vn petit traitté de la langue des Sauuages, qui trouuera, ie m'asseure, place dans vostre belle Bibliotheque, laquelle pour nombreuse, & bien fournie qu'elle soit, ne rebutera pas ce nouueau venu, dont le langage est inconnu à tous les doctes. Agreez donc, MONSEIGNEVR, ce petit témoignage de reconnoissance, de la part de tous nos missionnaires de l'Amerique, qui tenans Monsieur vostre pere pour l'auteur de la Mission des Isles, vous prient tres-humblement de prendre la protection de celle de la terre ferme; c'est vne grace que i'ose me promettre de vostre bonté, de laquelle nostre Compagnie a tant receu de preuues, & en reçoit encore tous les iours, que le corps, & tous les par-

ticuliers seront obligez de continuer pour vous leurs vœux, &
leurs prieres, & entre tous les autres, moy qui suis,

MONSEIGNEVR,

Vostre tres-humble, tres-obeïssant, &
tres-obligé seruiteur en Nostre Seign.
Pierre Pelleprat de la
Compagnie de Iesvs.

EXTRAIT DV PRIVILEGE du Roy.

PAR grace & priuilege du Roy, il est permis à Sebastien Cramoisy, Marchand Libraire Iuré, Imprimeur ordinaire du Roy, & de la Reine mere de sa Maiesté, Directeur de l'Imprimerie Royale au Chasteau du Louure, ancien Escheuin, Consul & Bourgeois de Paris, d'imprimer ou faire imprimer vn liure intitulé: *Relation des Missions des PP. de la Compagnie de Iesus dans les Isles, & dans la terre ferme de l'Amerique Meridionale. Auec l'Introduction à la langue des Galibis, &c.* composé par le P. PIERRE PELLEPRAT, *de la mesme Compagnie*. Et ce pendant le temps & espace de neuf années consecutiues. Auec defenses à tous Libraires & Imprimeurs de l'imprimer, sous pretexte de déguisement ou changement qu'ils y pourroient faire, à peine de confiscation, & de l'amende portée par ledit Priuilege. Donné à Paris au mois de Iuillet, 1655. Signé, Par le Roy en son Conseil, CRAMOISY.

Permission du R. P. Prouincial.

Nous Louis Cellot Prouincial de la Compagnie de Iesus en la Prouince de France, permettons à Sebastien Cramoisy, Marchand Libraire Iuré, Imprimeur ordinaire du Roy, & de la Reine mere de sa Maiesté, Directeur de l'Imprimerie Royale au Chasteau du Louure, ancien Escheuin, Consul, & Bourgeois de Paris, d'imprimer ou faire imprimer, vn liure intitulé : *Relation des Missions des Peres de la Compagnie de* Iesus *dans les Isles, & dans la terre ferme de l'Amerique Méridionale. Auec l'Introduction à la langue des Galibis, &c.* composé par le P. Pierre Pelleprat de la mesme Compagnie. En foy dequoy nous auons signé la presente à Paris le dix-huitiéme May 1655.

Signé, Louis Cellot.

TABLE DES CHAPITRES
contenus en ce Liure.

RELATION DES MISSIONS
des Peres de la Compagnie de Iesus dans les Isles, & dans la terre ferme de l'Amerique Meridionale.

PREMIERE PARTIE.
Des Isles de l'Amerique.

Chap. I. *Du pays en general,* pag. 1
Ch. II. *Premier voyage de nos Peres, aux Isles, & leurs emplois,* p. 12
Ch. III. *De la conuersion des heretiques* p. 24
Ch. IV. *Des missions que nos Peres ont faites aux Isles voisines, pour l'assistance des François,* p. 30
Ch. V. *De la Mission Irlandoise,* p. 36
Ch. VI. *De l'instruction des Negres, & des Sauuages esclaues,* p. 50
Ch. VII. *Missions des Sauuages de la Martinique, & de Saint Vincent,* p. 67
Ch. VIII. *Le massacre des Peres Aubergeon,*

TABLE DES CHAPITRES.
& Gueims, & de deux ieunes hommes
François qui les accompagnoient, p. 78

SECONDE PARTIE.
De la terre ferme de l'Amerique.

Chap. I. Premier voyage du Pere Méland en la terre ferme, & la description du pays, pag. 1

Ch. II. Second voyage du P. Méland en terre ferme, & ce qui nous arriua en chemin, p. 15

Ch. III. Nostre arriuée à Oüarabiche, & le depart du P. Méland pour S. Thomas, p. 25.

Ch. IV. Des auantages, & des merueilles de ce pays, p. 34

Ch. V. Continuation de la mesme matiere, 46

Ch. VI. Du grand nombre des Sauuages de ces contrées, & de leur police, p. 52

Ch. VII. De leurs coustumes, & façons de faire, p. 63

Ch. VIII. De leurs mœurs, & de leurs dispositions à receuoir la foy, p. 74

Ch. IX. Mon occupation en terre ferme, p. 87

Ch. X. Des baptesmes que nous auons faits à Oüarabiche, p. 99

Ch. XI. Les Sauuages demandent des François en leurs terres, p. 105.

TABLE DES CHAPITRES.

Ch. XII. Mon depart d'Oüarabiche pour les Isles, & mon retour en France, p. 113
Extrait d'vne lettre de S. Christophle du 14. de Iuin 1655. contenant quelques nouuelles du pays.

Introduction à la langue des Galibis Sauuages de la terre ferme de l'Amerique meridionale.

Fautes suruenuës en l'impression.

Premiere partie.
Page 79. ligne 16. lisez, meur.
Page 88. ligne 22. lisez, voyons.
Seconde partie.
Page 7. ligne 19. lisez 1400. lieuës.
Page 33. ligne 15. lisez, courut.
Page 48. ligne 22. lisez, en ce pays.
Page 105. ligne 14. lisez, Chapitre.
Page 111. ligne 27. lisez, celuy.

I. PARTIE.

DES ISLES de l'Amerique.

CHAPITRE PREMIER.

Du Pays en general.

E parleray dans cette Relation des Isles de l'Amerique, que les François habitent dans la zone torride, au delà du Tropique du Cancre, depuis le dixréme degré iusques au vingtiéme d'éleuation du Pole Septentrionnal: & d'vne grande étenduë de pays du continent, ou de la terre ferme, qui a la mer pour limites au Nordest, & au Sud des terres presqu'infinies, pleines de peuples, & de na-

tions Sauuages, dont on n'a aucune connoissance : ie luy donneray pour terme au Suest la riuiere des Amazones, & au Norouest la forteresse de Comana, bastie par les Espagnols sur la coste de la mer dans la nouuelle Andalouzie, quatre cens lieuës au dessus de la mesme riuiere des Amazones, vis à vis de l'Isle de la Marguerite. Pour ne pas confondre le continent auec les Isles, ie diuiseray cette Relation en deux parties : en la premiere ie parleray des Isles ; & en la seconde de la terre ferme.

Comme l'air que nous respirons est la moitié de nostre vie, il est infiniment dommageable aux lieux où il est froid, ou chaud par excés : c'est ce qui a donné occasion d'erreur aux anciens, qui ne se pouuoient persuader que les terres qui sont entre les Tropiques, ou sous les 2. poles, fussent habitables : car pour ce qui regarde la zone torride, dans laquelle sont tous les pays dont ie dois traiter, n'auoient-ils pas quelque fondement de croire que les hommes ne pouuoient viure dans des pays dont les moindres chaleurs sont aussi grandes que les plus excessiues de l'Europe ? où il n'y a point d'Hiuer, de Printemps, ny d'Automne, mais vn Esté perpetuel? & où le Soleil a tant d'actiuité, que les haches, & semblables ferremens exposez à ses rayons perdent leur trempe, comme si on les auoit fait passer par le feu? quelle impression cet astre ne feroit-il pas sur les corps des hommes qui ne sont ny de fer, ny d'acier, si la Diuine Prouidence qui étend ses soins sur les habitans de ces contrées, aussi bien que sur les plus fleurissantes nations de la terre, ne moderoit cette ardeur extréme par de frequentes pluyes, & par des vents quasi continuels? Ce n'est pas que ce temperament oste tout ce qu'il y a de rude, & de fâcheux dans l'Amerique: mais où trouuera-t-on vn pays sur la terre qui n'ait ses incommoditez? Il n'est plus de Paradis terrestre, ny de lieux où l'on n'ait rien à souffrir. Si les Isles ont quelque chose de rebutant, il faut sans doute qu'elles ayent de puissans charmes pour attirer les premieres nations du monde. On y voit aujourd'huy des François, des Espagnols, des Anglois, des Hollandois, & des Danois, qui ont quitté des pays si riches, & si commodes pour venir habiter des con-

A ij

trées où ils n'eſtoient inuitez que par l'auantage du lieu, & par l'eſperance d'vne meilleure fortune.

Quoy que les Eſpagnols ayent paſſé aux Iſles auant toutes les autres nations de l'Europe; & mémes leur ayent donné les noms qu'elles retiennent encore à preſent: ils n'en poſſedent neantmoins que cinq ou ſix. L'année 1625. les François, ſous la conduite de Monſieur de Nambuc, Gentilhomme de cœur, s'eſtablirent dans l'Iſle de S. Chriſtophle: Les Anglois s'y eſtant rencontrez en meſme temps, & pour le meſme deſſein, toute l'Iſle fut diuiſée, & partagée entre ces deux nations, qui depuis l'ont touſiours poſſedée, & y viuent en bonne intelligence.

Monſieur de Nambuc voyant que l'entrepriſe de S. Chriſtophle luy auoit ſi heureuſement reüſſi, auoit deſſein d'enuoyer vne colonie Françoiſe dans l'Iſle de la Gardeloupe: mais il fut preuenu par Meſſieurs de l'Oliue, & du Pleſſis, qui y menerent des habitans de France, l'an 1635. C'eſt pourquoy craignant que quelque autre ne s'emparaſt auſſi de la Martinique; il y paſſa dés cette meſme année, & obligea les Sauuages à luy ceder vne partie de cette belle, & grande Isle, & à se retirer en l'autre. Il y laissa pour commandant Monsieur du Pont, lequel ayant esté pris sur mer, peu de temps aprés par les Espagnols, il en donna le Gouuernement à Monsieur du Parquet, son neueu, vray heritier de son courage & de sa bonne conduite.

Depuis ce temps-là les François n'ont pas seulement conserué ces trois Isles, mais s'y estant multipliez iusques au nombre de quinze ou seize mille, ils se sont encore établis dans celles de Sainte Croix, de S. Martin, de la Tortuë, de S. Barthelemy, de la Grenade, de Sainte Alousie, & de Marigalande; desquelles ie parleray ailleurs, ne voulant pas traiter dans ce Chapitre de chaque lieu en particulier ; mais seulement des choses qui sont communes à tout le pays. Commençons par les viures.

Le pain ordinaire des Isles, qu'on nomme Cassaue, se fait de la racine d'vne plante appellée Magnoc, dont on tire premierement le suc dans vne presse, & qu'on fait cuire en suite sur vne plaque de fer, sur laquelle on l'étend en forme de gasteau. Le suc qu'on en tire est vn venin present pour toute sorte d'animaux, & mesmes pour les hommes: Les Sauuages s'en seruent neantmoins pour en faire de la bouïllie, qu'ils appellent *Cassiri*: il faut que le feu luy oste toute cette malignité, pour en pouuoir manger, sans en receuoir de dommage.

La Boisson commune est appellée *Oüicou*, ou *Maby*: on la fait, en détrempant de la Cassaue dans l'eau, auec quelqu'autre racine qu'on y mesle: quand on y a adiousté des fruits de certains arbres, les Sauuages l'appellent *oüocou ieüebérembo*, c'est à dire du oüicou de fruits d'arbre. Tous ces breuages ne sont pas seulement agreables, & nourrissans; mais ils ont la force d'enyurer, quand on en prend par excés.

Le Froment qu'on seme dans ces contrées monte à la hauteur de huit ou dix pieds; mais il ne graine pas comme en Europe. La Vigne qu'on y plante est extrémement feconde: elle est chargée de raisins en tout temps; & si on se vouloit donner la peine de la cultiuer, on y pourroit faire vendange trois fois dans vne mesme année, & en recueillir de bon vin;

mais les habitans de l'Amerique trouuent plus de profit à faire du Petun, & du Succre, qu'à trauailler à la vigne: il est vray que le commerce que l'Europe entretient auec les Isles supplée à ce defaut; & qu'encore qu'on n'y fasse ny vendange, ny moisson, il s'y trouue abondance de vins, & de farines.

Pour ce qui regarde la terre des Isles, elle est si fertile, & de si grand rapport, qu'vn grain de petit Mil de France y pousse quatre, ou cinq chalumeaux de la hauteur de neuf à dix pieds, qui sont tous chargez d'épis remplis de grain: le Ris y multiplie si fort, qu'on en fait la leuée quatre ou cinq fois, auant qu'il soit besoin d'en semer d'autre: les arbres fruitiers portent en mesme temps des fleurs, des boutons, & des fruits: les graines de nos herbes potageres, & de la pluspart des plantes de l'Europe, iettées en terre, germent & poussent en tout temps: Il y a des pois que les Insulaires appellent pois de sept, & de dix ans; parce qu'vn mesme pied en produit incessamment pendant tout ce temps là: on y trouue aussi de bons fruits, dont l'Anana est le plus excellent; aussi porte-t-il vne couronne, comme le roy de tous les autres. L'air, & la terre sont si propres pour les Melons, & pour les Figues, qu'on y en mange en toutes les saisons, & en tous les iours de l'année.

Ie ne parle point de la péche qui est vn secours tousiours present, & asseuré aux habitans du païs: la chasse n'est plus si bonne, ny si heureuse qu'au commencement, la multitude des habitans ayant rendu le gibier plus rare : Mais s'ils ne trouuent plus tant de Ramiers, ny de Perdrix, ils nourrissent des animaux domestiques qu'ils n'auoient pas auparauant: car on voit à present dans les Isles des Bœufs, des Moutons, des Cheures, & des Pourceaux: & on y éleue toute sorte de volailles, qui y est plus feconde, qu'en Europe.

La monoye ordinaire du pays est le Petun, & le Succre. Les estrangers y apportent des vins, de la biere, de l'eau de vie, des huiles, du beurre, des chairs salées, du biscuit, des toiles, des estofes, & toutes les autres choses necessaires à l'entretien des habitans: & en échange ils reçoiuent de nos Insulaires du Petun, de l'Indigo, de l'écaille de Tortuë, du

des Isles de l'Amerique.　9

Gingembre, de la Casse, & du Succre, qui sont toutes les richesses de ces contrées. I'ay dit que les Marchands en remportent du Succre, parce que depuis quelque temps on en fait de fort bon dans les Isles, & particulierement à S. Christophle, où il y a plusieurs Succrieres.

I'ay déia rencontré tant de personnes, qui ont desiré sçauoir de moy comment se fait le Succre; que ie me crois obligé d'en dire vn mot, pour satisfaire à tous ceux qui pourroient auoir la mesme curiosité. Ces pays portent les Cannes dont on fait le Succre, lesquelles estant coupées par morceaux, & mises en terre poussent en peu de temps des reiettons qui grossissent, & meurissent dans huit ou dix mois: on les coupe, & on les écrase dans des moulins faits à cet vsage, pour en tirer le suc, qu'on fait passer successiuement par trois chaudieres, dans lesquelles à proportion de la chaleur, il reçoit tousiours differente cuisson; & quand il est suffisamment purifié on le fait épaissir dans vne quatriéme qu'on nomme la batterie; d'où on le tire en suite pour le faire grainer, & le laisser refroidir dans la cinquiéme, & la derniere chaudiere, qui n'eſt pas de meſme figure ny ſi profonde que les autres: auant qu'il ſoit entierement refroidi, on le met dans de petites caiſſes de bois, larges en haut, & qui ſe terminent en pointe par le bas, où il y a vne petite ouerture par laquelle le ſirop s'écoule. Iuſques icy ce n'eſt encore que Caſtonade qu'il faut raffiner tout de nouueau, & faire blanchir auec vne eſpece de lexiue, pour en faire des pains de Succre; qui comme on peut iuger de ce que i'en ay dit, paſſe par bien des mains, & donne bien de la peine auant qu'il ſoit en cet eſtat. L'Indigo, & le Petun ne demandent gueres moins de trauail, & de ſoin, que le Succre.

Ie ne puis finir ce Chapitre, que ie ne diſe vn mot des Soulfrieres qu'on voit aux Iſles. Elles ſont dans des precipices effroyables, ou dans des montagnes eſcarpées, & de tres difficile accés: la terre y eſt bruſlante, & on la voit en quelques endroits à demy iaune, & en d'autres entierement changée en Soulfre. S'il s'y rencontre des trous remplis d'eau, & que ces eſpaces ſoient eſtroits, on y en-

des Isles de l'Amerique.

tend vn bruit semblable à celuy que font les Mareschaux, & les Forgerons, battans le fer sur leurs enclumes : si les ouuertures sont larges, & profondes, vous croiriez estre au milieu de plusieurs cheutes d'eau, ou d'vne mer extraordinairement agitée. Nos François qui ne sçauoient pas la cause d'vn effet si surprenant, m'asseuroient qu'on y entendoit de temps en temps des cris, & des éclats de voix de personnes qui gemissoient, & qui se plaignoient; ils me disoient mille autres réueries là dessus: mais estant allé voir la Soulfriere de S. Christofle, ie trouuay que l'eau échauffée par le Soulfre, & boüillante comme si elle eust esté sur vn grand feu, estoit la seule cause de tout ce bruit.

On peut tirer vne suffisante connoissance du temporel des Isles, de ce que i'en ay rapporté dans ce Chapitre; passons au principal, & parlons maintenant du spirituel.

Chapitre II.

Premier voyage de nos Peres aux Isles, & leurs emplois.

IL y auoit déia quelques années que les François habitoient les Isles, quãd Monsieur Foucquet, Conseiller d'Estat, assez connu par sa pieté, & par sa grande capacité dans les affaires, porta Messieurs de la Compagnie de l'Amerique à demander de nos Peres pour assister les François, & trauailler à l'instruction des Sauuages : & comme il auoit vne tres-grande affection pour la conuersion des Infideles, il voulut luy mesme en faire la proposition à nos Superieurs; qui accepterent d'autant plus volontiers cet employ, qu'il estoit tres-conforme à nostre institut, & qu'il nous estoit offert par vne personne de ce merite.

Deux Peres & vn Frere furent destinez pour donner commencement à cette Mission, qui s'estant embarquez à Nantes sur la fin de l'an 1638. arriuerent aprés vne longue, & penible nauigation, le iour du Vendredy S. de l'année suiuante, à l'Isle de la Martinique, qu'on auoit choisie, comme la plus auantageuse à la conuersion des Sauuages, dautant qu'il en estoit resté beaucoup dans cette Isle, & qu'elle estoit voisine de plusieurs autres, où il y en auoit grand nombre : Ioint aussi que n'étant pas esloignée de la terre ferme on y pouuoit passer commodement, & s'établir parmy les nations qui y sont, au salut desquelles on pensoit dés ce temps-là.

Cette nouuelle colonie grossit si fort en peu de temps, que nous fûmes obligez de demander vn renfort de missionaires le petit nombre qui y estoit ne pouuant rendre l'assistance necessaire aux François, & vacquer à la conuersion des Sauuages. Quelques années aprés nous fumes appellez, & établis dans l'Isle de S. Christophle : & depuis trois ou quatre ans en celle de la Gardeloupe.

Outre les emplois que nous auons en ces trois Isles, nous faisons de temps en temps des missions aux autres, destituées d'Ecclesiastiques, pour secourir les François, & gagner à Dieu les Infideles. Ie traitteray premierement des seruices que nos Peres ont rendus dans les lieux où ils font leur residence : & en suite de leurs voyages aux Isles voisines : reseruant à parler, à la fin de cette premiere partie, de ce qu'ils font pour l'instruction des esclaues, & des Sauuages Caraïbes.

Comme ces Isles n'ont point encore esté pourueuës de Pasteurs ordinaires, nous n'y auons pas seulement les emplois propres de nostre Compagnie, mais nous y exerçons de plus les fonctions curiales. C'est ce qui réd les trauaux de cette mission fort grands : dautant que nos Insulaires ne demeurans pas dans vn mesme enclos de muraille cõme dans les villes; & leurs petites maisons, qu'ils nomment cases, n'estant pas ramassées comme nos villages, mais toutes écartées les vnes des autres, il faut à toute heure entreprendre des voyages tres-fâcheux, & tres penibles pour assister les malades, & leur porter les Sacremens : à peine estes vous reuenū de confesser d'vn lieu, qu'on vous appelle pour porter l'Extreme-onction dans vn autre ; où quelquefois on vous vient prendre pour aller baptiser vn Esclaue qui va mourir. Ce qui ne se peut faire sans beaucoup d'incommodité, particulierement à la Martinique, où il faut ordinairement grimper des montagnes escarpées, & marcher par des chemins fort rudes, & difficiles, bien souuent de nuit, & pendant les plus grandes chaleurs du iour.

Quoy que i'aye dit au Chap. precedent, que le nombre des François établis dans les Isles se montoit à quinze ou seize mille : ie n'ay pas neantmoins pretendu y comprendre les forains, & ceux qui n'y venans que pour le trafic n'y font pas leur seiour ordinaire, & n'y sont que comme des oiseaux de passage. Il y faut adioûter grand nombre de Marchands, & de Matelots, qui y viennent tous les ans de diuers ports de France, pour le commerce, & qui n'y resident que cinq ou six mois. Ceux-cy augmentent notablement les occupations, & les emplois de nos Peres, car il n'en est gueres qui pendant ce temps-là ne se serue de l'occasion, pour receuoir les Sacremens. Plusieurs ne sont pas sitost arriuez aux Isles, qu'ils se confessent : ce que quelques-vns font mémes tous les quinze iours : Mais tous ordinairement ont accoûtumé de le faire à leur depart ; ne voulans pas s'exposer aux dangers de la mer en mauuais estat. Ie pourrois adioûter à ceux-cy les Europeans Catholiques de diuerses autres nations qui trafiquent aux Isles, & particulierement beaucoup de Hollandois, d'Anglois, & d'Irlandois qui y rencontrans des Missionnaires qui entendent leur langue font le même que les François. Il ne se passe point d'année qu'il n'y vienne quatre-vingts ou cent vaisseaux de toutes nations, qui donnent beaucoup d'occupation à nos Peres, nommément pendant leurs maladies.

Depuis cinq ou six ans on remarque des changemens si notables dans les mœurs de la pluspart des habitans des Isles, & particulierement à S. Christophle, que plusieurs de ceux qui auparauant auoient peine à se confesser vne fois l'an, le font quasi tous les huit iours auec grande deuotion, & non seulement ne sont pas vicieux, & déreglez, comme on s'imagine en France, mais pratiquent des vertus qu'on aura peine à croire. I'en apporteray vne preuue, qui ne peut estre suspecte, puisqu'elle a autant de témoins qu'il y a d'habitans dans S. Christophle. Les années 1652. & 1653. cette Isle fut
affligée

affligée de beaucoup de maladies tres-dangereuses : & comme il se rencontra en mesme temps vne extréme necessité de viures, plusieurs personnes moururent faute de nourriture, & de secours: on voyoit de pauures seruiteurs malades, abandonnez de leurs maistres, se traîner de quartier en quartier, & de case en case, pour y mandier quelque aliment, la pluspart, faisans des efforts au dessus de leurs forces, mouroient en chemin, ou à la porte des cases où on ne vouloit, & souuent on ne pouuoit, leur donner aucun soulagement.

Ce spectacle toucha sensiblement nos Peres, qui penserent efficacement à pouruoir à des maux si pressans: chacun fait de son costé ce qu'il peut, & se sert de toutes les industries que la charité luy suggere: on represente aux particuliers qui y pouuoient contribuer ou de leur credit, ou de leurs moyens, l'obligation qu'ils auoient de secourir ces pauures miserables ; & on en parle aux sermons auec tout le zele que demande vne si grande necessité.

Vn de nos Missionnaires prend pour suiet de ses instructions familiaires, &

de ses exhortations la charité du prochain : il fait en peu de temps tant d'impression dans les esprits, qu'on ne pense plus qu'à l'assistance des malades: on court à la campagne, & en tous les lieux où on espere rencontrer quelqu'vn de ces pauures abandonnez; il n'y a quasi pas de maistre de case qui n'en retire au moins vn chez soy, & qui n'en prenne autant de soin que d'vn de ses propres enfans. Aussi tost que leur malade estoit ou mort, ou guery, ils en cherchoient incontinent vn autre; & s'il ne s'en trouuoit pas assez pour contenter la charité de tous, ils entroient en vne sainte contestation à qui emporteroit chez soy celuy qu'ils auoient rencontré.

Leur charité au lieu de se ralentir augmente tous les iours ; plusieurs ieunes hommes se sont depuis ce temps-là entierement consacrez au seruice de Dieu, particulierement dans l'assistance du prochain; comme ils n'épargnent rien pour soulager en leurs necessitez corporelles les miserables, ils font aussi leur possible pour secourir les ames dans le besoin, disposans pour cet effet les malades, par leurs bons auis, à bien mourir, & leur procurant auec vn soin incroyable les Sacremens de l'Eglise. Pour s'employer auec plus de liberté à toute sorte de bonnes œuures, ils se contentent des choses necessaires à la vie, & ne pensent point à pousser plus auant leur fortune. Quel changement en des personnes qui estoient venuës dans les Isles à tout autre dessein!

Puisque ie suis sur le discours de la charité que les habitans de S. Christophle exercerent enuers les malades, ie rapporteray icy ce qui arriua pour lors dans cette Isle à la mesme occasion : Deux ieunes François auoient retiré vn Irlandois malade dans leur case, où aprés luy auoir rendu pendant quelques iours toute sorte d'assistance, ils crûrent que ce pauure homme estoit hors de danger: c'est pourquoy estimans qu'ils le pouuoient quitter pour peu de temps, l'vn se rédit au Corps de garde, où il estoit obligé de se trouuer, & l'autre alla à la Chapelle pour y entendre la Messe : quoy qu'ils fussent éloignez de leur case de trois quarts de lieuë, ils entendirent tous deux la voix de leur malade : celuy qui estoit au Corps de garde court prompte-

B ij

ment à la Chapelle, & demande à son compagnon en quel estat il l'a laissé ? & où il est ? l'asseurant qu'il venoit de l'entendre reciter distinctement son *Pater*, du mesme ton qu'il auoit accoustumé de le faire en leur presence. Celuy qui estoit en la Chapelle répond, qu'il auoit oüy la mesme chose: il quitte aussitost la Messe, se rend promptement dans sa case, & y trouue le malade agonisant. Ce ieune homme sans perdre temps appelle vn de nos Peres pour luy donner l'Extreme-onction, car il auoit déia receu le S. Viatique vn peu auparauant. On ne luy eut pas plustost conferé ce Sacrement, qu'il expira.

Comme i'ay crû deuoir rendre ce témoignage à la vertu des habitans des Isles; ie pense aussi estre obligé de blâmer le procedé de quelques autres enuers les seruiteurs qu'on nomme Engagez; afin qu'on y apporte le remede conuenable.

Les Engagez sont des Europeans qu'on transporte aux Isles pour y seruir les habitans; on les appelle Engagez, parce qu'ils sont obligez de seruir pendãt trois ans ceux qui ont fait les frais de leur voyage, qui peuuent ceder, ou vendre à d'autres le droit qu'ils ont sur leur persône, & sur leur liberté pendât ces trois années, lesquelles estant expirées ils reçoiuent pour salaire de leurs seruices trois cens liures de Petun; & demeurent en liberté de retourner en Europe, ou de trauailler à y establir leur petite fortune.

La pluspart de ceux qui font ce trafic abusent de la simplicité de plusieurs personnes, à qui ils font croire que tout rit aux Isles, que le pays abonde en toutes choses, qu'il y a peu à trauailler, & beaucoup à gagner: ils ne trompent pas seulement les pauures, mais ils seduisent aussi quelquefois des enfans de Maison, leur faisant entendre qu'on ne vit dans l'Amerique que d'Hortolans, & de Perdreaux, & que les maisons y sont couuertes de Succre (parce qu'on les couure ordinairement de cannes dont il se fait), & par semblables faussetez débauchent de ieunes enfans qu'ils enleuent à l'insçeu de leurs parens: Il s'en trouue d'assez méchans, & d'assez fourbes pour les faire entrer dans leurs Nauires, sous diuers pretextes, & quand ils y sont ils les retiennent par force, &

les passent malgré eux dans les Isles, où ils les vendent bien souuent à des Maistres qui les nourrissent tres-mal, les font trauailler excessiuemét, & au dessus de leurs forces, & les traittent auec tant d'inhumanité, que plusieurs y meurent dans peu de temps. Il seroit à souhaiter qu'on apportast quelque police à vn si grand desordre.

Ie diray au suiet des seruiteurs engagez, que i'ay esté surpris d'en trouuer plusieurs dans vne entiere ignorance des mysteres de nostre foy. Ie ne pouuois conceuoir comment des personnes qui auoient esté éleuées parmy des Chrestiens n'auoient pas eu soin de se faire instruire des choses necessaires à leur salut; non seulement ils ne sçauoient pas prier Dieu, mais mesme à peine pouuoient-ils former le signe de la Croix. C'est vn surcroist d'occupation pour nos Peres, qui outre les instructions familiaires qu'ils leur font publiquemét tous les Dimanches, & les iours de Feste, vont quelquefois dans les cases de leurs maistres, les iours ouuriers, pour leur faire le catechisme.

Ie rapporteray à ce propos vne agreable rencontre que ie fis dans l'Isle de la Martinique. Sur la fin du mois d'Octobre dernier, ie trouuay en mon chemin vn ieune seruiteur engagé qui trauailloit dans vn champ auec vn esclaue Negre; ie m'informay de luy si cet esclaue estoit baptisé, & s'il sçauoit prier Dieu : à quoy m'ayant répondu que non, ie l'exhortay à luy apprendre les prieres que nous leur faisons reciter au soir, & au matin, & l'assuray qu'il feroit vne chose agreable à Dieu. Ce pauure enfant fut touché de cette parole, & me repartit auec vne ingenuité, & candeur bien aimable : Helas ! mon Pere, ie ne sçay pas prier Dieu ; parce que ie suis Huguenot. Luy ayant demandé son pays, il me dit qu'il estoit de l'Isle de Gerzay suiete à l'Angleterre. Ie luy promis de l'enseigner, & l'obligeay à me venir trouuer les Festes, & les Dimanches pour ce suiet : ce qu'ayant fait dés le lendemain, ie l'instruisis des mysteres de la Religion Catholique, qu'il embrassa tres-volontiers, y estant déia tout disposé. Mais puisque i'ay commencé à parler de la conuersion des Heretiques, i'en traiteray tout au long au Chapitre suiuant.

CHAPITRE III.

De la Conuerſion des Heretiques.

CE n'eſt pas ſans raiſon que je mets au nombre des emplois de nos Peres la conuerſion des Heretiques; car encore que Dieu ait fait la grace à pluſieurs de ſe reconnoiſtre, ceux qui viennent aux Iſles toutes les années de diuers ports de France, & particulierement de Diepe, & de la Rochelle, villes fort infectées d'hereſie, nous fourniſſent touſiours de nouuelles occupations.

Nos Peres ne ſont pas les ſeuls qui trauaillent à les remettre dans le bon chemin, il ſe trouue pluſieurs habitans Catholiques qui font les premieres impreſſions dans leur eſprit, & qui nous les amenent pour les inſtruire. Ceux qui commandent dans les Iſles ont auſſi grande part en leur conuerſion, faiſans garder exactement les Edits du Roy, qui defendent aux Heretiques l'exercice de leur pretenduë Religion dans l'Amerique: d'où il arriue que n'ayans ny Temples, ny Miniſtres qui les entretiennent

des Isles de l'Amerique. 25

& qui les confirment dans leurs erreurs, on trouue moins de resistance à leur faire embrasser la Foy Catholique.

On en gagne souuent 30. & 40. dans vn mois, & si i'en voulois faire le dénombrement, il se trouueroit qu'il s'en est conuerty plus de douze ou treize cens depuis nostre établissement dans les Isles. Ie ferois vn iuste volume, au lieu d'vne Relation, si ie racontois icy toutes les conuersions particulieres que Dieu a faites, par nos Peres, dans vne seule année. Ie me contenteray d'en rapporter trois.

La premiere sera d'vn Canonier, lequel passant vn iour sur le midy, prés de l'Eglise du fort Saint Pierre dans l'Isle de la Martinique, entendit vne voix qui l'appella, prononçant deux fois son nom fort distinctement: il s'arreste, & regarde de tous costez pour découurir celuy qui l'appelloit, mais ne voyant personne il continue son chemin : à peine auoit-il fait quelque pas qu'il entendit la méme voix; il crut qu'elle venoit de l'Eglise, il y entre, il cherche soigneusement par tout, mémes iusques sous l'Autel celuy qui l'auoit appellé, &

n'y trouuant personne, reprend son chemin : mais il ne fut pas pluftoft forty de l'Eglife, qu'on l'appelle pour la troisiéme fois aussi distinctement que la premiere & la seconde ; mais comme il n'y auoit point d'endroit ny dedans ny aux enuirons de l'Eglise, qu'il n'euft déia visité, il crut qu'il seroit inutile d'y chercher dauantage. Cette voix ne s'arresta pas aux oreilles, elle passa iusqu'au cœur de ce bon homme, & s'y fit si bien entendre, qu'il alla trouuer aussi tost vn de nos Peres, & luy demanda son sentiment sur ce qui s'estoit passé : le Pere luy répondit, que la voix qu'il auoit ouïe estoit probablement celle du bon Pasteur qui l'appelloit, comme vne pauure brebis égarée, pour la ramener au bercail ; que ce bon Pasteur estoit veritablement dans le S. Sacrement qui reposoit en l'Eglise d'où on l'auoit appellé ; qu'il l'y deuoit reconnoistre, & l'y adorer doresnauant. Bien qu'il fut deflors viuement touché, il se ne rendit pourtant que cinq ans aprés.

Le second exemple des Heretiques conuertis est d'vn ieune homme de Poitiers, qui pour auoir demeuré quelque temps parmy les Hollandois auoit embrassé leurs erreurs, & se remit au bon chemin, aprés auoir veu ce que ie vay raconter.

Les Peres Aubergeon, Gueimu, & moy nous embarquames à la Rochelle, pour passer aux Isles, l'année 1651. dans vn vaisseau, dont l'equipage & mesmes plusieurs des passagers estoient Huguenots. Le Chirurgien qui l'estoit aussi, nous apporta sur le tillac vn ieune homme Catholique qui estoit à l'extremité, & se tournant vers nous, nous dit que nous auions grand tort d'auoir laissé mourir sans assistance vn homme qui estoit de nostre Religion. On luy repartit qu'il estoit plus coupable que personne, de l'auoir ainsi laissé perir, sans en auertir ceux qui l'eussent infailliblement secouru; qu'on ne pouuoit pas remedier à vn mal inconnu; & qu'on n'auoit pas eu lieu de croire qu'vn homme qui montoit tous les iours sur le pont, pour prendre ses repas auec les autres, fust si proche de sa fin. Cependant qu'vn de nos Peres parloit de la sorte, vn autre estoit auprés du moribond, & tâchoit de tirer de luy quelque signe de douleur de ses pechez pour luy donner l'absolution, mais il n'en put auoir que de fort incertains; ce qui fut cause qu'il ne luy dōna que sous condition qu'il en fust capable. Le Pere prenant ensuite son surplis luy donna l'Extreme-onction, & dit aux Huguenots qui le regardoient faire: *Vos Ministres vous abusent, Messieurs, vous faisant croire que l'Extreme-onction a cessé d'estre vn Sacremēt dans l'Eglise, parce qu'elle n'a plus la vertu de guerir les malades: si vous doutez de ce que ie vous dis, vous pourrez vous en éclaircir dans quelques-vnes de vos Bibles imprimées à Geneue, dans lesquelles vous lirez aux notes marginales sur le Chapitre cinquiéme de l'Epistre de S. Iacques, ces paroles de l'Extreme-onction;* C'a esté autrefois vn Sacrement, qui a cessé auec le don de guerisons. Ce qui n'est pas veritable, car il arriue encore quelquefois que ce Sacremēt rend la santé aux malades, & Dieu voulut qu'il la rendist à ce pauure moribond, car on n'eut pas si tost acheué les prieres, qu'on recite ordinairement aprés l'administration de ce Sacrement, qu'il parla aussi librement qu'il auoit iamais fait, & se trouua en parfaite santé.

Cette merueille operée à la veuë de tous, par la vertu de l'Extreme-onction, obligea les Huguenots d'auouër, que cette Onction rendoit encore de nos iours la santé aux malades : mais pourtant aucun ne voulut pour lors abandonner l'heresie, ny profiter de ce qu'il auoit veu. Il y a encore auiourd'huy dans les Isles plusieurs témoins capables de deposer en faueur de la verité de cette histoire ; laquelle toucha si fort ce ieune homme de Poictiers dont i'ay parlé, qu'il fit abiuration de son heresie dans la Martinique entre les mains du Pére Gueimu.

Finissons par la conuersion d'vn Allemand, arriuée l'année passée dans la même Isle : c'estoit vn homme d'esprit qui auoit esté éleué auec beaucoup de soin dans sa Religion, & qui faisoit l'office de Lecteur dans vn des Presches que les Hollandois auoient dans le Brasil ; celuy-cy s'estoit refugié dans la Martinique depuis que les Hollandois auoient esté chassez du Brasil par les Portugais : & auoit ammené de ce pays vne femme Negre qu'il entretenoit depuis long-temps, & dont il auoit eu deux enfans. Le Pere Schemel, Allemand comme luy, fit tant d'impression sur son esprit, que non seulement il l'obligea de quitter l'heresie, mais aussi d'épouser sa concubine.

Chapitre IV.

Des Missions que nos Peres ont faites aux Isles voisines pour l'assistance des François.

Qvoy que nostre Compagnie n'ait des residences que dans S. Christophle, dans la Gardeloupe, & dans la Martinique, nos Peres ne laissent pas d'aller de temps en temps en Mission dans les Isles voisines, habitées par les François, & particulierement en celles de Sainte Croix, de Saint Martin, de S. Barthelemy, & de Marigalande.

Cette derniere est la plus petite de toutes, mais aussi est-elle la plus riante, & la plus agreable : & c'est pour ce sujet que les Espagnols l'ont nommée la Galande. J'y passay au mois de Nouembre dernier, pour y administrer les Sacremens à la colonie Françoise, qui depuis long-temps n'auoit pas veu de Prestre: I'y exposay le S. Sacrement pour l'oraison de quarante heures, & leur fis gaigner l'Indulgence que le S. Siege nous a donnée en faueur de ces Missions.

Ces pauures gens qui auoient esté priuez depuis quatorze ou quinze mois de sermons, de Messes, & de Sacremens, ne me laissoient pas manquer d'occupation; ils eussent bien desiré m'y retenir, mais i'estois obligé de retourner à la Gardeloupe. C'est vn malheur que la pluspart des hommes ne font presque point de cas des biens spirituels quand ils les possedent, & ne reconnoissent les auantages qu'on en retire, qu'alors qu'ils en sont priuez.

Auant que de parler des emplois que nos Peres ont dans ces Isles, ie rapporteray vne chose digne de remarque, de la fidelité d'vn chien que ie vis à Marigalande, lors que i'y passay. Les Sauuages de l'Isle de la Dominique, qui est proche de celle-cy, voulans empescher que les Europeans ne s'y établissent, pource qu'ils en retiroient beaucoup de commoditez, surprirent & massacrerent l'année 1653. la colonie Françoise qui en occupoit vn quartier : le chien d'vn de ceux qu'ils y tuerent, estant demeuré dans cette Isle, comme pour garder le corps de son pauure maistre, a conserué depuis ce temps-là tant de rage contre les Sauuages qui ont commis ce massacre, que quand ils vont dans l'Isle visiter les François qui s'y sont rétablis depuis que la paix a esté faite, il ne cesse d'abayer aprés eux, & lors qu'ils se sont retirez il mord la terre sur laquelle ils ont marché : & comme s'il auoit peur que ces infideles ne surprennent cette nouuelle colonie, comme ils ont desia fait, il ne se retire iamais dans le fort auec les François, pendant la nuit, mais sur le soir il se iette dans les bois où il fait des rondes continuelles, donnant aux hommes par son instinct naturel vn bel exemple de reconnoissance, & de fidelité.

Comme les habitans de ces lieux ne voyent que fort rarement des Prestres, ils leur donnent bien de l'occupation quand ils en ont. Il faut qu'vne seule personne

personne confesse tous les habitans d'vne Isle qui sont des confessions de quinze ou seize mois, & bien souuent de plus long-temps : plusieurs mesmes en font de generales, pour se preparer à bien mourir, si dans l'absence d'vn Confesseur, qu'ils n'esperent pas reuoir de long-temps, Dieu disposoit d'eux.

Il faut prescher souuent, éclaircir tous les doutes, baptiser les enfans, & les catechumenes, trauailler à la conuersion des Huguenots, instruire les esclaues, reconcilier les ennemis, mettre la paix dans les familles, visiter, & assister les malades : enfin vn seul Prestre y trauaille autant que sept ou huit font en France : Aussi les trauaux de ces Missions sont si rudes, que les Peres qui y ont esté employez iusques à present, en sont reuenus malades, & quelques-vns mesme y sont morts.

Ce fut dans ces emplois de charité que les Peres Louïs Conart, & Iacques de la Valliere finirent glorieusement leurs iours ; celuy-là dans S. Christophle, auant que nous y fussions establis ; & celuy-cy plusieurs années aprés dans l'Isle de Sainte Croix : l'vn &

l'autre y feruir tres-vtilement le prochain: car s'y eftant rencontrez en vn temps où beaucoup de perfonnes mouroient d'vne maladie contagieufe, & populaire, ils s'y abandonnerent au feruice des corps auffi bien que des ames, fe tenans iour & nuit au cheuet des malades aufquels ils rendoient toute forte de feruices. On raconte particulierement du Pere de la Valliere, que ne fe contentant pas d'auoir affifté ces pauures gens pendant leur vie, il prenoit encore foin de leurs corps aprés leur mort, & les chargeoit fur fes épaules, les portant au cemetiere commun auec vne ferueur incroyable, & là les enterroit de fes propres mains, & leur rendoit ce dernier deuoir auec vne tres-grande charité. La puanteur de ces cadaures, & la malignité de la maladie dont ils voyoient tous les iours mourir tant de perfonnes, eftoient plûtoft vn attrait qu'vn retardement à leur zele. Ces excés de charité acheuerent leur couronne : & moururent enfin dans les exercices de cette belle vertu, accompagnant iufques dans le féiour de la gloire ceux qu'ils auoient fi cherement aimez, & si soigneusement seruis en terre. Ils furent tous deux extrémement regretez de Monsieur le General de Poincy, & des habitans des Isles, qui n'en parlent iamais qu'auec eloge, & comme de deux Religieux d'vne vertu fort eminente.

Plusieurs se sont étonnez de ce qu'en peu d'années nous auons perdu dans ces Isles vn grand nombre de Peres, & en ont reietté la cause sur l'intemperie du climat: mais, bien que les incommoditez du pays y puissent contribuer quelque chose, les trauaux continuels, & excessifs dont on s'y trouue accablé en sont la veritable raison: ce qu'on comprendra facilement de ce que nous auons dit iusques icy de la multiplicité de nos emplois, & beaucoup mieux de ce que nous en rapporterons aux Chapitres suiuans. Il est difficile qu'il n'en aille de la mesme façon à l'aduenir, si on ne soulage les ouuriers qu'on y enuoye, en multipliant les personnes, & en leur fournissant le moyen d'y subsister.

Si dans vn si grand nombre d'Ecclesiastiques qui ne sçauent en France à quoy s'occuper, il s'en trouuoit quelques-vns assez zelez pour le salut du prochain, qui voulussent contribuer au bien de ces colonies destituées de Prestres ; ils feroient vne action fort agreable à Dieu, & rendroient vn grand seruice au prochain : car il y meurt toutes les années plusieurs personnes sans assistance spirituelle & sans Sacremens.

Il y a peu d'années qu'vne femme de condition, estant sur le point de mourir dans l'Isle de S. Martin, où il n'y auoit point de Confesseur à qui elle pûst décharger sa conscience, fit vne action plus humble que necessaire pour obtenir l'absolution de ses pechez : elle appella vn ieune homme de sa connoissance, & luy dit tous ses pechez, l'obligeant à les confesser au premier Prestre qu'il rencontreroit : c'estoit vne marque de sa bonne volonté ; mais aprés tout elle n'en pouuoit pas pretendre la remission de ses offenses, si elle n'étoit accompagnée d'vne parfaite & amoureuse contrition.

Chapitre V.

De la Mission Irlandoise.

Le nombre des Irlandois estant considerable dans l'Amerique, & s'y augmentant notablement toutes les années, nous demandames, & nous obtinmes vn de nos Perés de la mesme nation pour les secourir : il estoit temps qu'on leur donnast la main : car comme les Anglois, ausquels plusieurs estoient engagez pour sept ans, ne souffroient pas qu'ils fissent aucun exercice de leur Religion, & au contraire les traittoient auec vne dureté, & vne rigueur extréme, la pluspart de ces paures gens pour éuiter le mauuais traittement, & la violence qu'on leur faisoit, alloient au Presche, & perdoient insensiblement les sentimens de leur creance.

Le Pere Iean Destriche qui fut enuoyé à leur secours, arriua l'année 1650. à S. Christophle : il y fit d'abord éleuer vne Chapelle à la pointe de Sables, au quartier des François, assez proche de celuy des Anglois, où demeuroit la meilleure partie des Irlandois. Ils sceurent incontinent qu'vn Pere de leur nation estoit venu : la ioye que leur apporta cette nouuelle leur fit oublier le danger auquel ils s'exposoient ; Car ils alloient en foule, & sans se cacher, saluër le Pere, qu'ils regardoient tous comme vn homme que Dieu enuoyoit à leur secours ; les vns luy prenoient les mains pour les baiser, les autres se iettoient à ses pieds pour receuoir sa benediction ; & tous, aussi bien que le Pere, estoient transportez d'vne ioye qu'il seroit difficile d'exprimer. Le Pere leur fit connoistre l'vnique dessein de son voyage, & leur témoigna qu'il n'estoit venu aux Isles que pour les assister, il conuint en suite auec eux du temps, & des moyens les plus propres pour les secourir, afin d'oster à leurs maistres tout pretexte de les maltraitter; mais la plufpart de ces pauures gens estoient si feruens, qu'ils ne craignoient pas d'exposer le corps pour sauuer l'ame.

Le Pere se trouuoit tous les iours à

la Chapelle, pour leur administrer les Sacremens, & pendant trois mois entiers qu'il y demeura il fut tousiours occupé depuis la pointe du iour iusques à vne heure aprés midy à les confesser & communier, à baptiser leurs enfans ou à les instruire: Dieu donna tant de benediction à ses trauaux, que plusieurs qui estoient déia engagez dans l'heresie se remirent dans le bon chemin, & le Pere ayant, en fort peu de temps, ramassé ses brebis, trouua que son Eglise estoit composée de prés de trois mille personnes.

Aprés auoir pourueû aux plus vrgentes necessitez des Irlandois de S. Christophle, il passa en l'Isle de Monserrat, où ils estoient autrefois les maistres: mais les Anglois les en ont depossedez, & se les sont assuiettis. Le Pere qui sçauoit qu'ils ne souffriroient pas vn Prestre dans leur Isle, se déguisa en Marchand, & y alla sous pretexte de vouloir acheter du bois: Aussi-tost qu'il fut arriué il se fit connoistre à quelques Irlandois, & par ceux-cy à tous les autres. On choisit vn lieu dans les bois, où le Pere se rendoit tous les iours, pour y dire la Messe, & y conferer les Sacremens : toute la matinée s'employoit à la culture des ames, & en suite on alloit effectiuement couper du bois que le Pere faisoit porter par ces bons Catholiques, confirmant par là les Anglois dans la pensée qu'ils auoient qu'il n'estoit venu que pour ce dessein.

Vn iour que le Pere estoit dans les bois, où il administroit les Sacremens aux Catholiques, deux mille Sauuages Caraïbes, qui sont en continuelle guerre depuis long-temps auec les Anglois, firent vne irruption dans cette Isle, où ils bruslerent quantité de maisons, massacrerent plusieurs personnes, pillerent les magasins, enleuerent le bétail, emporterent les viures, & mirent tout en confusion. Il arriua dans ce rencontre vn trait aussi diuertissant, qu'il est ridicule.

Quelques Caraïbes estant entrez dans le Presche en emporterent tout ce qui les pouuoit accommoder : vn de leurs Capitaines ayant trouué la robe du Ministre laissa sortir tous les autres Sauuages qui estoient dans le Temple auec luy, & s'eſtant reueſtu ſecretement de cette robe Miniſtrale il ſort du temple, iettant des cris épouuentables, & courant droit à ſes gens pour les effrayer : cette feinte luy reüſſit mieux qu'il n'euſt voulu, car les autres Sauuages en furent d'abord ſi ſurpris qu'ils prirent la fuite, ſans qu'il luy fuſt poſſible de les arreſter ; car plus il leur faiſoit de ſignes, & ſe preſſoit pour les attraper, plus ils couroient, croyant que c'eſtoit le *Maboïa*, c'eſt à dire le Diable qui les pourſuiuoit. Mais enfin ayant découuert que cette robe n'eſtoit ny vn Diable ny vn Miniſtre, ils retournerent ſur leurs pas, & emporterent tout le butin qu'ils auoient fait ſur les Anglois.

Le Pere ayant donné le ſecours neceſſaire aux Irlandois de cette Iſle retourna en celle de S. Chriſtophle, où pendant qu'il penſoit à faire baſtir ſa Chapelle, le Diable qui ne pouuoit ſouffrir que la Religion Catholique y fiſt tant de progrez, faiſoit tous ſes efforts pour perdre cette Egliſe naiſſante : Il ietta la défiance dans l'eſprit des Anglois, qui defendirent à tous les Irlandois Catholiques d'aller dorénauant au quartier des François, prenans pour pretexte qu'ils les vouloient gagner pour s'en seruir contre eux, aux occasions qui se pourroient rencontrer.

Ils ne se contenterent pas de leur interdire tout exercice de leur Religion, mais aprés les auoir traittez auec toutes les rigueurs imaginables, leur animosité passant en fureur, ils enleuerent de nuit cent vingt cinq Irlandois Catholiques qu'ils estimoient les plus feruens, & les plus considerables; les mirent dans vn vaisseau qui les ietta dans l'Isle des Crabes, éloignée de deux cens lieuës de S. Christophle, & les laissa dans ce lieu où personne n'habite, & qui est destitué de toutes choses.

Cependant que ceux-cy sont reduits au dernier point de misere, ceux qui demeurerent parmy les Anglois de S. Christophle furent traittez auec toute sorte de rigueurs; car aprés qu'on les eut desarmez, on leur fit commandement sous de tres-grandes peines d'aller au Presche; ce qu'vne fille ayant refusé de faire, elle y fut traînée par les cheueux, & traittée auec tant de cruauté, que plusieurs intimidez par l'excés des maux qu'on auoit fait souffrir à cette genereuse Chrestienne, obeirent au moins exterieurement, & se trouuerent aux assemblées des Heretiques : quelques-vns d'eux venoient de temps en temps à la Messe, mais en cachette, & à la dérobée. Il y en auoit plusieurs si fermes, & si genereux, que voyans que les Anglois les arrêtoient au Corps de garde qu'ils auoient sur le grand chemin, par lequel on alloit à la Chapelle, ils se déroboient de leurs cases les veilles des Festes, & Dimanches, & cheminoient toute la nuit par des bois remplis de broffailles, & par des chemins pleins de precipices, pour venir entendre la Messe. Comme ie seruois pour lors ce quartier là, ie remarquay, parmy les Irlandois qui y venoient ordinairement, deux bons vieillards qui faisans ce voyage auec des incommoditez incroyables, ne manquoient iamais de se rendre les premiers en nostre Chapelle, où ils assistoient au seruice, & faisoient leur deuotion, depuis le point du iour iusques à dix heures du matin auec vne attention, & vne feruer d'esprit qui me rauissoit. Que ce zele doit donner de confusion à vne infinité de Chrestiens d'Europe, qui negligent tant d'occasions de seruir Dieu ! Mais reuenons à nos exilez.

Si l'Enfer conspire contre ces pauures victimes, le Ciel pense à leur conseruation. Ils auoient déja passé plusieurs iours en vne extréme necessité dans l'Isle des Crabes, ne viuans que d'vn peu d'herbes, & de quelque coquillage qu'ils alloient chercher au bord de la mer, & ils croyoient leur perte ineuitable, lors qu'ils apperceurent vn batteau qui passoit assez prés de leur Isle; ils firent signe à ceux qui estoient dedans de venir : & quand ils furent arriuez ils traitterent auec eux pour se faire porter à S. Domingue : mais ce batteau se trouuant trop petit pour tous, on n'y voulut receuoir que ceux qu'il pouuoit porter sans danger : & ainsi vne partie de ces pauures gens reduite au dernier point de misere demeura dans cette Isle sans esperance d'aucun secours. Ceux qui s'étoient embarquez arriuerent à S. Domingue; mais les Espagnols qui en sont les maistres, ayant appris qu'ils venoient de S. Christophle, ne les voulurent pas receuoir, de crainte de quelque surprise; & comme si tout eust conspiré contre eux, ils ne furent pas long-temps en mer qu'il s'éleua vne tempeste qui les ietta quatre cens lieuës loin des terres. Ils auoient déja passé quatre iours sans boire, & sans manger, & ils estoient si abbatus, & si foibles qu'ils paroissoient plustost des cadaures, que des hommes viuans. C'est pourquoy se voyans non seulement destituez de tout secours, mais hors de toute apparence d'en esperer; quelques-vns proposerent de ietter au sort qui l'on tueroit le premier, pour seruir d'aliment aux autres, estimans qu'il valoit mieux que quelqu'vn auançast vn peu sa mort, que tous perissent si miserablement. Vn des plus considerables de l'équipage, ne pouuant souffrir cette proposition, qu'il croyoit indigne d'vn Chrestien, & iniurieuse à la Prouidence de Dieu, reprit ceux qui auoient donné cet aduis, auec vn zele & vne liberté fort grande, & exhorta tous ses compagnons d'auoir plus de confiance en Dieu, qui permettroit souuent semblables accidens pour éprouuer la foy, & donner des occasions de merite à ses seruiteurs.

A peine auoit-il acheué ce discours, qu'on apperceut vn poisson d'vne grandeur extraordinaire auprés de la barque; mais comme ils n'auoient ny ligne ny filés, ny autre instrument propre pour la péche; ils se mirent en deuoir de le prendre auec les mains; ce qu'ils firent auec vne facilité incroyable, ce poisson se tenant immobile à fleur d'eau.

Ie ne doute pas que celuy qui multiplia auttrefois deux poissons pour la nourriture du peuple qui le suiuoit, n'eust enuoyé celuy-cy à ces pauures gens qui ne souffroient que pour l'amour de luy. Ils ne pouuoient pas faire vne plus heureuse péche, car ce poisson estoit si grand, que tous ceux qui estoient dans la barque, & qui ne manquoient pas d'appetit, s'en nourrirent plusieurs iours, iusqu'à ce qu'ils firent rencontre d'vn nauire de guerre qui les porta à la Tortuë, où ils furent aussi bien receus des François qu'ils auoient esté maltraittez ailleurs.

Quant aux autres qui estoient demeurez dans l'Isle des Crabes, & qui n'auoient pû trouuer place dans le batteau, la commune creance est qu'ils se perdirent sur la mer de cette sorte. Se voyans reduits à mourir de faim dans cette Isle, ils lierent leurs coffres les vns aux autres, en faisant vne espece de batteau sur lequel ils se mirent, dans l'esperance que les vents, & les flots les pourroient ietter sur quelques costes, où ils trouueroient dequoy subsister : mais soit que la tempeste les fist perdre, ou que leur machine vinst à manquer : ils perirent tous miserablement sur mer.

Ce coup toucha au dernier point le Pere Destriche, Pasteur de ce miserable troupeau, qui pour ne laisser ce qui en restoit, exposé aux mesmes malheurs, passa auec tout ce qu'il put ramasser d'Irlandois Catholiques dans l'Isle de la Gardeloupe, l'année mil six cens cinquante-trois, Monsieur Oüel, qui en est Seigneur, & Gouuerneur, les receut auec beaucoup de charité, & leur permit d'y établir leur demeure.

Depuis ce temps-là le Pere y fait sa residence auec eux, & leur rend toute l'assistance qu'ils peuuent attendre d'vn bon Pasteur.

Il passe de temps en temps aux autres Isles où il y a des Irlandois; mais il ne va iamais visiter ceux qui sont parmy les Anglois, que déguisé; il les console, les fortifie en la foy, & leur administre les Sacremens en secret: & en trauaillant pour les Catholiques, il gagne tousiours plusieurs Heretiques, soit Anglois, soit Irlandois: en vne seule course qu'il fit, il n'y a pas long-temps, soixante & dix firent abiuration de leur heresie entre ses mains: & quoy qu'il n'y ait que cinq ans qu'il soit passé aux Isles, il a ramené à l'Eglise plus de quatre cens Heretiques.

Ie ne puis omettre la victoire qu'vne ieune fille Irlandoise remporta sur la foiblesse de son sexe. Cette fille estoit venuë fort ieune dans l'Amerique, & son pere pour la conseruer l'auoit traueftie, & éleuée sous l'habit d'vn garçon, croyant qu'elle y feroit moins exposée. Le pere estant mort, la fille cherche condition, & se met au seruice d'vn maistre

maistre qui en faisoit vne estime particuliere à cause de son addresse, de son assiduité au trauail, & de sa fidelité : mais comme ce garçon pretendu estoit chery de tout le monde, & particulierement de sa maistresse, pour son honnesteté, & pour la gentillesse de son naturel ; le maistre en entra en ialousie, & soupçonna sa femme d'auoir intelligence, & trop de familiarité auec ce valet : surquoy ayant fait à sa femme diuerses fois des reproches, il la presse, & mesme l'oblige d'inuiter ce garçon au peché : se cachant cependant dans vn lieu d'où il les pouuoit voir sans estre veu (il est probable que c'estoit à dessein de les tuer.) Ce seruiteur sollicité extraordinairement par sa maîtresse luy remonstre l'horreur du crime qu'elle vouloit commettre : mais voyant qu'elle ne desistoit de sa honteuse poursuite pour toutes les raisons qu'il luy apportoit ; il fut contraint de se faire connoistre. Ce qui donna non seulement de la confusion au maistre pour les soupçons, & les foiblesses qu'il auoit temoignées ; mais encore de la veneration pour cette vertueuse fille, dont tous les habitans de la Gardeloupe firent depuis vne eftime tres-particuliere. Ce que ie trouue de loüable en cette fille, n'eft pas qu'elle fe foit traueftie; ny qu'elle n'ait pas confenty aux prieres de fa maiftreffe, puifqu'elle eftoit incapable du mal auquel on la follicitoit; Mais de s'eftre conferuée dans vne fi grande innocence, quoy qu'elle ait demeuré fort long temps auec de ieunes hommes vitieux & libertins, auec lefquels elle pouuoit pecher fans eftre foupçonnée de perfonne.

Chapitre VI.

De l'inftruction des Negres, & des Sauuages Efclaues.

LEs François ne fe feruent ny de bœufs, ny de cheuaux dans la culture de leurs terres; mais feulement des Efclaues qui leur viennent d'Afrique, ou des coftes de l'Amerique les plus éloignées des Ifles. Ceux qu'on leur amene d'Afrique font noirs comme des Mores, & pour cette raison on les appelle Negres : les autres sont de couleur oliuâtre, comme tous les Sauuages de la zone torride.

Les guerres continuelles que se font les Rois, & les Seigneurs des Negres sont la principale cause de l'esclauage de tant de persónes, parce que le vainqueur vend comme esclaues les prisonniers de guerre qu'il fait sur son ennemy, & enleue, pour la mesme fin, les femmes, & les enfans qu'il rencontre dans les lieux, & dans les bourgades qu'il force : d'ailleurs les Seigneurs ont droit, par les loix du pays, de faire esclaues leurs suiets quand bon leur semble, nommément quand ils ont failly. Les peres, & les meres ont le mesme pouuoir sur leurs enfans, & s'en seruent souuent ou pour en décharger leur famille, ou pour punir leur desobeïssance.

Il arriue quelquefois que les Rois vendent leurs propres femmes, qui dans leur captiuité conseruent tousiours quelque marque de leur premiere dignité : elles gardent tant d'empire sur les Esclaues de leur nation, que si estant chargées de quelque fardeau elles les rencontrent en leur chemin, elles s'en déchargent sur eux, & les obligent de le porter. Tous les Esclaues qui ont esté suiets des Rois leurs maris les respectent autant, & leur obeissent aussi ponctuellement, que si elles estoient encore leurs Reines. Tant ces peuples ont de veneration pour la Royauté! Si par hazard elles se rencontrent sous vn mesme maistre auec des Esclaues qui ayent esté leurs suiets, elles leur font souuent faire tout le trauail qui leur est ordonné, ou acheuer celuy qu'elles ont commencé, cependant qu'elles les regardent, & qu'elles se reposent. Ces pretendus vassaux ont tant de soin de leurs Reines, qu'ils contribuent tout ce qu'ils peuuent à leur nourriture, & à leur entretien, allans pécher ou chasser les Dimanches, & les Festes, & mesmes dérober ce qu'ils trouuent de meilleur, & de plus delicat, pour leur apporter.

Les Negres qu'on transporte aux Isles sont de diuerses nations d'Afrique, d'Angola, du Capuerd, de la Guinée, de Senegal, & de quelques autres terres voisines de la mer. On compte dans les

Isles iusqu'à treize nations de ces Infideles, qui parlent toutes de differentes langues, sans y comprendre les Sauuages Esclaues, qui sont aussi de diuerses nations. Ce seroit vn trauail infiny d'entreprendre leur instruction en la langue qui leur est naturelle: il faudroit auoir le don des langues pour y reüssir: C'est pourquoy nous attendons qu'ils ayent appris le François pour les instruire; ce qu'ils font le plustost qu'ils peuuent, pour se faire entendre de leurs maistres, desquels ils dependent pour toutes leurs necessitez.

Nous nous accommodons cependant à leur façon de parler, qui est ordinairement par l'infinitif du verbe; comme par exemple, *moy prier Dieu, moy aller à l'Eglise, moy point manger*, pour dire *i'ay prié Dieu, ie suis allé à l'Eglise, ie n'ay point mangé*: Et y adioustant vn mot qui marque le temps à venir, ou le passé, ils disent *demain moy manger, hier moy prier Dieu*, & cela signifie, Ie mangeray demain, hier ie priay Dieu: & ainsi du reste. On leur fait comprendre par cette maniere de parler tout ce qu'on leur enseigne: Et c'est la methode que nous gardons au commencement de leurs instructions.

Quelqu'vn me dira peut-estre, que cette pratique est plus facile pour nous, qu'elle n'est auantageuse à ces pauures Infideles, que la mort ne s'est pas engagée d'attendre, qu'ils ayent appris le François, & que si elle les suprenoit deuant leur Baptesme, ce seroit fait de leur salut. A cecy ie répons, que dans la necessité nous nous seruons des Negres qui entendent le François, pour enseigner à ceux de leur nation les poincts de nostre creance : ce qui ne se fait pas sans grande difficulté ; daurant que la plusparr de ceux qu'on instruit ne comprenent qu'à demy les choses dont on leur parle, & que nos interpretes ne trouuent pas souuent des mots dans leurs langues qui exprimét ce qu'on leur dit, il faut quelquefois faire bien des gestes ; & dire cent paroles pour en faire entendre vne : mais on fait ce qu'on peut, Dieu fait le reste.

Le nombre des Esclaues qui sont dans les Isles est grand : il se monte bien à present à douze ou treize mille. C'est vne marchandise qui ne couste pas beaucoup dans leur pays : car vn pere y vendra quelquefois vn de ſes enfans pour ſix ou ſept haches, ou pour quelques autres ſemblables ferremens, ou petite mercerie de peu de valeur. Les marchands en emmenent tous les ans pluſieurs nauires chargez : il en arriua trois l'année paſſée à la Martinique qui en mirent à terre ſix à ſept cens : quand ils ſortent des vaiſſeaux, eſtans preſque tous nuds, ils font de l'horreur, & de la compaſſion : on diroit à les voir que ce ſont des Diables, qui ſortent des enfers : ce ſont neantmoins des ames rachetées du ſang du Fils de Dieu, & les treſors des Iſles ; vn homme paſſe pour aiſé en ce pays qui a vingt-cinq ou trente Eſclaues. Monſieur le General de Poincy en a ſix ou ſept cens pour ſa part.

Le prix ordinaire d'vn bon Eſclaue eſt de deux mille liures de Petun, ou de cent eſcus en argent : celuy des femmes, & des enfans eſt beaucoup moindre. Les Negres d'Angola ſont ordinairement plus eſtimez que ceux des autres pays. I'auouë que la condition des Eſclaues eſt extrémement rude, &

D iiij

qu'il est infiniment sensible à ces paures gens de se voir vendus, souuent par leurs peres, & par leurs seigneurs à des estrangers qui les transportent où bon leur semble, & qui les laissent en des pays où on s'en sert comme de bestes de charge : mais toutes ces disgraces leur sont occasion d'vn bonheur inestimable, puisque dans leur esclauage ils iouïssent de la liberté des enfans de Dieu. Vn ieune Negre nous disoit vne fois à ce propos dans l'Isle de la Martinique, *qu'il preferoit sa captiuité à la liberté qu'il auroit euë en son pays, parce que s'il fust demeuré libre il seroit esclaue de Sathan, au lieu qu'estant esclaue des François il auoit esté fait enfant de Dieu.* Ils ne sont pas tous si spirituels ny si clairuoyans.

Les Negres ordinairement n'ont pas beaucoup d'esprit, & sont fort pesans; ce qui est cause qu'il faut bien de la patience, & bien du trauail pour leur apprendre quelque chose : outre tous ces desauantages, ils sont puans comme des charognes, & si hideux, & si malfaits qu'ils causent de l'horreur; mais il n'y a rien que la charité de Ie-

des Isles de l'Amerique.　57

sus-Christ ne rende aimable: qui ne souffriroit volontiers pour des personnes pour lesquelles nostre Seigneur a répandu son sang? Ie ne sçay si mes yeux estoient charmez; mais ie les trouuois pour l'ordinaire bien faits, & agreables aprés leur Baptesme.

Nous leur conferons ce Sacrement quatre fois l'année, aux Samedis des quatre temps, auec toutes les solemnitez ordonnées par l'Eglise. Les François ont coûtume d'y assister pour rendre la ceremonie plus auguste. Nous en baptisons bien six cens toutes les années, comprenant en ce nombre les adultes, & les enfans; & nous auons cette consolation dans les peines que nous prenons à leur instruction, que si les peres, & les meres, par vne stupidité extraordinaire, n'en profitent pas tousiours, leurs enfans pour le moins sont éleuez dans la vraye foy, & sont bons, & feruens Chrestiens.

A propos des enfans des Negres, ie diray icy vne merueille de Nature qu'on remarque en eux: quand ils viennent au monde ils sont blancs comme les autres enfans; mais dans huit ou dix iours de temps ils deuiennent auſſi noirs que leurs peres & meres.

Les François ne ſe ſeruent pas ſeulement de Negres pour Eſclaues; ils en ont encore de Sauuages, tirez de diuerſes nations de l'Amerique, comme Aroüagues, Saïmagotes, & autres ennemis de ceux qui nous ſont alliez; ces Eſclaues ne ſont pas à beaucoup prés en ſi grand nombre que les Negres; mais ils ſont mieux faits de corps, ont l'eſprit meilleur, ſont plus doux, & plus traitables, & n'ont pas moins d'eſprit que nos païſans de France.

On ſe ſert de toute ſorte de moyens pour gagner à Dieu les vns, & les autres: Les Feſtes, & les Dimanches on leur fait vn Catechiſme à part: & pource que les iours ouuriers ils ſont occupez au trauail, on a dreſſé des billets qui contiennent les principes de la Foy dont on leur fait lecture, on a meſmes traduit en leurs langues le *Pater*, l'*Aue*, le *Credo*, & les Commandemens de Dieu, pour le meſme ſuiet; & nous auons fait en ſorte qu'en la pluſpart des caſes il y a quelque François deſtiné pour les faire prier Dieu matin, & ſoir.

Nous les faisons assembler, en quelques quartiers de ces Isles, dans nos Eglises vne heure auant le iour, & cela notamment pendant les Festes, & les Dimanches de Carême; & nous les partageons en autant de bandes qu'ils sont de differentes nations, afin d'instruire par truchement ceux qui n'entendent pas encore le François. Aprés le Catechisme on leur fait reciter tous ensemble les prieres ordinaires; & pour conclusion de tout on leur dit la Messe.

Enfin on se sert de toutes les industries possibles pour les porter à Dieu; on va auec eux dans les granges où ils trauaillent vne bonne partie de la nuit; on les suit quelquefois dans les campagnes pendant le iour; où, sans les détourner de leur trauail, on leur enseigne les points de nostre foy: quand on les rencontre dans les chemins publics on les arreste pour leur dire vn bon mot, ou pour les faire prier Dieu; & c'est de là que plusieurs ont pris cette bonne coustume de faire le signe de la croix, quand ils rencontrent nos Peres: on s'insinuë dans leurs esprits par les presens; vn *Agnus Dei*, vne image, ou vne medaille sert quelquefois plus qu'vn long discours; mais les Negres qui sont grossiers, & materiels, font plus d'estat d'vn bonnet, d'vn calçon, ou d'vne chemise, qui sont les presens les plus agreables qu'on leur puisse faire. Voila la conduite que nous gardons à la conuersion des Esclaues : Voicy des effets de la bonté de Dieu sur eux.

 Le Diable traite auec tant de tyrannie, & de cruauté ces pauures Infideles, qu'il en reduit plusieurs à cette heureuse necessité de se faire baptiser, pour éuiter la persecution d'vn si cruel ennemy. Ceux qui demeurent auec eux entendent souuent le bruit des coups qu'il leur donne : & on ne peut dire que ce soit vne illusion ; car non seulement ils en portent les marques, mais en sont quelquefois bien malades: pour moy i'ay peine à croire que le Diable, qui fait tant d'efforts pour enleuer vne ame à Dieu, voulust continuer vn traitement qui luy en a tant fait perdre, s'il n'y estoit contraint: mais, soit que la prouidence de Dieu l'ordonne, soit qu'elle le permette, ces pauures gens en tirent vn grand auantage.

des Isles de l'Amerique. 61

Ie diray à ce suiet ce que Monsieur Giraud homme d'esprit, & de probité connuë m'a rapporté, qu'vne nuit le Diable maltraita auec tant d'excés vne de ses Esclaues Sauuages, qu'il ne croyoit pas qu'elle en dust réchaper: I'entendois distinctement, me disoit-il, les coups qu'on luy donnoit, & voyant que cette pauure femme demandoit instamment le Baptéme, comme l'vnique remede aux maux qu'elle souffroit; i'en fus touché de compassion : ie me leuay, & la croyant suffisamment instruite ie la baptisay : depuis son Baptéme le Diable ne luy a pas fait la moindre violence.

C'est vne creance commune dans les Isles, confirmée par l'experience ordinaire, que le Baptéme, & les exorcismes de l'Eglise sont les seuls moyens pour deliurer ces miserables Infideles des maux que leur fait souffrir cet impitoyable ennemy. I'en ay déia rapporté vn exemple pour le Baptesme, i'en adiousteray vn autre pour les exorcismes.

Vn Negre de l'Isle de S. Christophle, âgé de vingt-huit à trente ans me vint vn iour demander le Baptesme auec grande instance, m'alleguant pour raison le mauuais traitement qu'il receuoit du Diable qui l'assommoit decoups, & ne luy donnoit aucun repos. Ie fis refus de luy accorder ce Sacrement, parce que son maistre asseuroit qu'il auoit déia esté baptisé: le Negre soustenoit au contraire qu'il ne l'auoit iamais esté; & pour preuue disoit qu'on ne luy auoit point versé d'eau sur la teste, ny mis de sel à la bouche. Sur ce douté ie m'en informay, & i'appris de celuy qui l'auoit vendu, qu'il n'estoit pas baptisé. Aprés auoir fait reproche au Maistre du peu de soin qu'il auoit apporté en vne affaire de cette importance; i'examinay l'Esclaue, mais ne le trouuant pas suffisamment instruit pour receuoir ce Sacrement, ie le renuoyay pour deux mois, l'obligeant cependant à venir au Catechisme: mais comme il me pressoit, & me faisoit instance sur la persecution qu'il souffroit du Diable, ie luy formay le signe de la croix sur le front, & recitay sur luy quelqu'vn des exorcismes dont l'Eglise se sert aux ceremonies du Baptéme: depuis ce temps-là il n'a plus esté maltraitté du Diable, & fut baptisé au temps que ie luy auois assigné.

Les Esclaues vrayement Chrestiens ont vne grande confiance en Dieu, & agissent auec vne simplicité qui luy est si agreable, qu'il fait quelquefois des choses extraordinaires en leur faueur. Vn ieune Negre de S. Christophle âgé de quatorze ans, voyant qu'vn petit frere qu'il auoit estoit en danger de mourir, assembla tous les enfans Negres qu'il put rencontrer, & ayant mené toute cette bande de petits innocens deuant l'autel d'vne Chapelle, où le Saint Sacrement reposoit, prit la parole pour tous, & dit tout haut, fondant en larmes, *Seigneur, toy bien sçaué que mon frere luy point mentir, point luy iurer, point dérober, point aller luy à femme d'autre, point luy méchant, pourquoy toy le voulé faire mourir?* Il se tourna en suite vers son frere, & luy dit, *Mon frere, toy te confesser, toy dire comme moy: Seigneur, si moy mentir, moy demander à toy pardon, si moy dérober, si moy iurer, si moy faire autre mal à toy, moy bien fâché, moy demander pardon.* Ayant acheué sa petite harangue il prit le Crucifix qui estoit sur l'Autel, & le fit baiser à son frere, & à tous ses compagnons. Cette simplicité fut si agreable à Dieu, qu'il rendit la santé au malade.

Les Esclaues ne ieusnent iamais que par necessité, ceux neantmoins qui sont Chrestiens le font quelquefois par deuotion. La veille des Rois on auoit donné par extraordinaire vn flacon d'eau de vie à quarante ou cinquante Negres (or qui dit eau de vie, parle de la chose pour laquelle les Negres ont le plus de passion) ils s'accorderent pourtant de n'en point prendre ce soir là en consideration de la solemnité du iour suiuant. Vn de nos Peres surpris de cette resolution, & qui n'en sçauoit pas le motif, leur demanda pourquoy ils ne beuuoient pas leur eau de vie? vn répondit pour les autres, par cette demande, *pourquoy toy ieusner la veille de S. Ignace?* pource, dit le Pere, que S. Ignace est nostre Patron; le Negre luy repartit, *Nous ieûner aussi auiourd'huy, pource que demain Feste des Rois, & Roy Negre, luy Patron à nous.*

Il est difficile de dire le changement

ment qu'on remarque dans les mœurs des Esclaues aprés leur Baptéme, car quoy qu'ils ayent esté nourris dans la brutalité, plusieurs sont si chastes, & si honnestes, quand ils sont Chrestiens, qu'ils subiroient plustost la mort que de commettre la moindre deshonnesteté: D'vn grand nombre d'exemples ie me contenteray d'en rapporter deux. Vne Esclaue Sauuage se voyant sollicitée au mal, par vn François, dans l'Isle Saint Christophle, luy declara qu'elle aimeroit mieux mourir que de commettre vne si meschante action, &, ne se pouuant autrement defendre de ce libertin, elle le frappa si rudement d'vn tison de feu, qu'il fut obligé de se retirer, & de se déporter de son mauuais dessein. La vertu d'vne autre Esclaue ne fut pas moins loüable dans l'Isle de la Martinique, celle-cy estoit Negre, & fut inuitée par son propre maistre à mal faire, & se trouuant violentée par ses instances, luy déchargea vn grand soufflet, par lequel elle se garentit de ses honteuses poursuites. Le courage de ces deux femmes nées dans l'infidélité, est remarquable en ce que sçachant bien que leur bonheur, & leur vie dépendoit entierement de ceux qui les portoient au mal, elles ne leur resisterent pas seulement, mais les traitterent de la maniere que ie viens de dire : ce qui doit faire honte aux Chrestiens, qui sont si lâches en de pareilles occasions.

Ie ne pretens pas neantmoins persuader par ces exemples, que tous les Esclaues Chrestiens ayent des vertus si heroïques : il s'en trouue parmy eux, aussi bien qu'entre nos Europeans, qui sont portez au vice, & suiets à plusieurs foiblesses. Vn Negre ayant surpris sa femme en adultere, dans l'Isle de S. Christophle, l'alla dire à son Capitou (c'est ainsi qu'ils nomment leurs Maistres) & luy demanda vne autre femme : le Maistre luy répondit qu'estant Chrestien il ne luy estoit pas permis d'en épouser vne autre. *Moy Chrestien*, dit ce pauure homme, *moy donc souffrir cela*. On l'instruisit, & on luy satisfit pleinement sur ce point. Comme les Infideles repudient leurs femmes, & en changent quand ils veulent, ce n'est pas merueille si ce pauure Negre en demandoit vne autre.

Chapitre VII.

Missions des Sauuages de la Martinique, & de S. Vincent.

LEs Sauuages Caraïbes sont les habitans naturels des Isles qui portent leur nom: ils en estoient autrefois les maistres, mais les Europeans s'y sont peu à peu si puissamment établis, qu'ils ont esté contraints de leur quitter la place, & de se retirer aux Isles de S. Vincent, & de la Dominique: où la crainte qu'ils ont que les Estrangers ne s'y habituent, les oblige à se tenir sur leurs gardes, pour leur en empescher l'entrée: l'experience du passé leur faisant craindre l'aduenir. Ie ne mets pas pourtant les Isles de Tabac, & de la Grenade au nombre de celles qui ont esté possedées par les Caraïbes, d'autant que la premiere a esté habitée par les seuls Galibis, nation de terre ferme, & la derniere par les Galibis, & Caraïbes tout ensemble.

Bien qu'il y ait diuerses opinions sur l'origine des Caraïbes, & sur leur alliance auec les Galibis: celle-cy neantmoins est la plus vray-semblable: que les Galibis, peuple du continent fort nombreux, & fort considerable, faisant la guerre, il y a plusieurs siecles, aux Ignéri, anciens habitans des Isles, eurent sur eux de si grands auantages, qu'ils tuerent tous les hommes, & les enfans masles; & conseruerent les femmes, & les filles, selon la coustume des Sauuages de ces contrées; ausquelles ils donnerent pour maris des ieunes hommes de leur nation: d'où il est arriué que comme les maris parloient la langue des Galibis, & les femmes celle des Ignéri, les Caraïbes qui en sont descendus se seruent de deux langues; l'vne qui est propre aux hommes, & l'autre particuliere aux femmes. On voit encore en quelques vnes des Isles des ossemens de ces premiers habitans, que les Caraïbes sçauent fort bien distinguer de ceux de leur nation.

Le zele que nos Peres ont tousiours eu pour le salut de ces Barbares, leur a fait rechercher toutes les occasions de trauailler à leur conuersion, qui estoit le principal motif qui les auoit attirez dans l'Amerique: ils iugerent à propos de commencer par ceux de la Martinique, qui estoient comme les domestiques des François, afin que les ayant gagnez, on s'ouurit, par leur moyen, vn chemin en terre ferme, où ils auoient appris qu'il y auoit des peuples innombrables: mais le grand nombre des François a tellement occupé ce peu de Peres que nous y pouuions entretenir, que nous n'auons pû, raisonnablement, oster le pain aux enfans pour le donner aux estrangers. Nous n'auons pas laissé neantmoins d'enuoyer de temps en temps des Missionnaires aux Sauuages des Isles, pour apprendre leur langue, & pour les instruire. Les Peres Thomas l'Arcanier, Denis Méland, Iean Schemel, & André Déian ont esté plusieurs fois à ceux de la Martinique: mais comme l'employ qu'ils auoient auprés des François ne souffroit pas qu'ils s'en absentassent long-temps, ils ne pouuoient pas faire de fruit considerable en vn lieu, où ils faisoient si peu de seiour : ils y ont neantmoins fait quelques Chrestiens, baptisé bon nombre d'enfans moribonds, & commencé l'instruction de plusieurs Sauuages.

Quelques-vns de nos Peres ont aussi passé à l'Isle de S. Vincent, habitée par les seuls Caraïbes, au nombre de neuf à dix mille, diuisez en plusieurs villages, commandez par des Capitaines particuliers. Le Pere André Déian y alla l'année 1652. mais il en fut bien-tost rappellé, pour prendre la place du Pere Antoine Barré, qui portant les Sacremens à vn malade, vn peu auant le iour, auoit esté mordu par vn serpent, dont il fut long-temps incommodé : de sorte qu'on n'a pû trauailler solidement à l'instruction de ces pauures Insulaires, iusques à l'arriuée du Pere Guillaume Aubergeon, qui y fut enuoyé au commencement de l'année 1653. & s'y employa si vtilement, que i'aurois peine à croire ce que ie vay dire, si ie ne l'auois veu lors que i'y passay auec le Pere Méland pour aller aux Sauuages de terre ferme. La prouidence de Dieu se seruit de ceux mesme qui ne vouloient point receuoir d'Europeans dans leur Iſle, pour l'y faire paſſer : car vn marinier François ayant enleué deux Caraïbes de S. Vincent, & les ayant vendus aux habitans de la Tortuë; Monſieur le General de Poincy de qui dépend cette Iſle, ne le ſçût pas pluſtoſt qu'il les fit mettre en liberté, eſperant que leur deliurance ſeroit vne occaſion fauorable pour la conuerſion de toute leur nation : attendu qu'vn de ceux qui auoient eſté pris, eſtoit le fils d'vn des plus conſiderables Caraïbes de l'Iſle S. Vincent, qui pouuoit beaucoup ſeruir à ce deſſein.

Ces deux Sauuages ne manquerent pas de venir remercier leur liberateur dans l'Iſle de S. Chriſtophle : & ayant reconnu le grand deſir qu'il auoit de les voir Chreſtiens, ils luy demanderent inſtamment le Pere Aubergeon, qui auoit déia quelque connoiſſance de leur langue : &, ne ſe contentans pas d'en auoir parlé à Monſieur de Poincy, ils allerent eux-meſmes en prier le Pere, & luy dirent, *Pere, il faut que tu viennes auec nous, pour apprendre à prier Dieu à ceux de noſtre nation.* Le Pere leur répondit, qu'il feroit tout ce qu'on luy ordonneroit; mais qu'il ne pouuoit leur parler plus long-temps, estant obligé d'aller assister vn homme qui estoit malade à l'extremité. Les Caraïbes qui ne furent pas satisfaits de cette réponse, l'arresterent, & quelque instance qu'on leur fist, il ne fut pas possible de les contenter, qu'aprés qu'on leur eust dit que Monsieur le General de Poincy auoit parlé en leur faueur, & qu'il auoit obtenu de nostre Pere Superieur, que le Pere iroit auec eux en leur pays.

Il partit donc de S. Christophle en leur compagnie sur la fin de l'année 1652. & n'arriua à S. Vincent qu'au mois de Mars de l'année suiuante, à cause qu'il fut obligé de s'arrester quelque temps à la Martinique, pour se seruir de la commodité d'vn batteau qui s'equipoit pour la pesche, & qui le deuoit laisser en passant, à l'Isle de S. Vincent.

Le pere de l'vn des deux Caraïbes qu'il ramenoit en leur pays, témoigna autant de ioye de sa venuë, que du retour, & de la deliurance de son fils. Ce bon homme sçachant le dessein que le Pere auoit de s'employer à l'instruction des Sauuages de l'Isle, le fauorisoit en tout ce qu'il pouuoit : Et comme il estoit homme d'autorité, parmy ceux de sa nation, plusieurs autres à son exemple se faisoient instruire. Le bruit de son arriuée, & de ses emplois se répandit en peu de temps dans toute l'Isle ; on le venoit voir des quartiers les plus éloignez du carbet où il estoit, & chacun l'inuitoit de se transporter dans le sien : ceux qui pour leur indisposition ne pouuoient pas le visiter, luy enuoyoient leurs canots : & tous ne luy faisoient qu'vne mesme priere, qu'il leur monstrast le chemin du ciel, où ils vouloient aller aussi bien que ceux du village où il demeuroit : que ces semonces estoient agreables à vn homme qui n'auoit point de plus forte passion que de conquester des ames à Iesus-Christ !

Le Pere ayant trouué ces paures gens si bien disposez à embrasser nôtre foy, trauailloit incessamment, & sans relasche à leur instruction. Le matin, aprés auoir fait vne heure d'oraison, il alloit visiter les Sauuages dans leurs cases, faisoit prier Dieu tous ceux qu'il y rencontroit, & les interrogeoit de quelques poincts du Catechifme : d'vne cafe il paffoit à l'autre ; & quand il voyoit que le temps ne luy permettroit pas d'aller dans toutes celles du village où il eftoit, il y enuoyoit vn ieune homme François qui s'eftoit donné à noftre Compagnie, pour la feruir en la conuerfion des Sauuages, & pour accompagner nos Peres parmy ces Infideles.

Aprés cet exercice il fe difpofoit à dire la Sainte Meffe, en fuite de laquelle il tenoit efcole ouuerte ; & apprenoit aux enfans à faire le figne de la croix ; il leur enfeignoit les prieres qu'ils deuoient faire matin & foir, & les principaux points du Catechifme ; il leur monftroit mefme à lire, à écrire, & à chanter les Pfeaumes, & les hymnes de l'Eglife.

Les Sauuages ont en chaque village, ou carbet, vne fale commune où ils trauaillent pendant le iour : quelques-vns s'y diuertiffent, & d'autres s'y entretiennent auec leurs amis : c'eft en ce lieu où les eftrangers font receus, & où tous ceux qui s'y trouuent font en liberté de faire ce que bon leur semble: Aprés l'instruction de la ieunesse, le Pere auoit coustume d'aller en cette sale commune, où il faisoit vne ample explication des principaux points de nostre foy: Il les interrogeoit de la creation du monde, des recompenses des bons, du châtiment des meschans, & des autres veritez de la Religion Chrestienne: & ne se retiroit iamais qu'auec les benedictions de tous ces pauures Barbares. Il s'estoit acquis vn tel pouuoir sur leur esprit, que quand il en rencontroit quelqu'vn en chemin, il l'interrogeoit du Catechisme, & le faisoit mesme quelquefois prier Dieu, l'arrestant pour ce suiet, quelque affaire qu'il pust auoir, & de quelque autorité qu'il fust parmy ceux de sa nation.

Lors que ie passay par S. Vincent i'admiray les grands fruits qu'il y auoit faits en si peu de temps: Ie fus particulierement surpris de voir vn grand nombre de personnes de tous âges, & de tous sexes luy demander auec instance le Baptesme. Ils luy disoient en ma presence, *Quand sera-ce que tu nous baptiseras? hé! Pere baptise nous, fais nous*

Chrestiens. Mais le Pere, qui craignoit que la necessité de nos François des Isles, n'obligeast les Superieurs à le rappeller, comme ils auoient déia fait ceux qui l'auoient precedé en cet employ, n'osoit leur conferer ce Sacrement, qu'auec toutes les precautions requises, de peur de le hazarder mal à propos.

Vn Sauuage de l'Isle de la Dominique qui se trouua pour lors en celle de S. Vincent, luy apporta vn petit enfant qui estoit né ce iour là, le priant de le baptiser ; & demandant pour soy la mesme grace, il le coniuroit aussi d'auoir pitié de ses compatriotes, & l'inuitoit à se transporter au plustost à la Dominique, auec asseurance que dans peu de temps toute l'Isle seroit Chrétienne. Le Pere m'ayant prié de baptiser ce petit innocent, ie me rendis dans la Chapelle pour ce suiet, où ie fus surpris de me voir assiegé par vne troupe d'enfans qui me demandoient le Baptéme, crians *baptise moy aussi, Pere, baptise moy*. Il falloit bien que le S. Esprit eust operé en ces ames, pour faire vn si grand changement en trois mois de temps.

j'attribuois ce succés au grand zele, & à la ferueur extraordinaire auec laquelle le Pere demandoit à Dieu, plusieurs fois le iour, la conuersion de ces pauures Infideles. Ie l'ay veu quelquefois prosterné au pied d'vn Autel, les mains iointes, & eleuées vers le ciel, les yeux baignez de larmes, tout embrasé des flames de sa charité, faire instance à nostre Seigneur pour le salut de ces peuples : Ie pouuois iuger des lors qu'il offroit à Dieu auec le precieux sang de son fils Iesus-Christ le sien propre, qu'il deuoit répandre quelques mois aprés.

Il estoit si vny à Dieu, que pendant son seiour à S. Christophle on le trouuoit tousiours à genoux dans sa chambre, & ordinairement les larmes aux yeux, passant en prieres tout le temps auquel il n'estoit pas occupé auprés du prochain. Lors qu'il fut contraint d'attendre à l'Isle de Sainte Alousie la commodité pour passer à S. Vincent, on l'alloit chercher dans les bois, quand on luy vouloit parler, & on l'y rencontroit tousiours en oraison. Il estoit si fort attaché à ce saint exercice, qu'on ne l'en pouuoit retirer pour luy faire prendre ses repas, d'où il arriuoit souuent qu'il passoit les iours entiers, & quelquefois deux iours de suite sans boire, & sans manger. Là mesme on l'entendit plusieurs fois faire de rudes disciplines, lors qu'il ne pensoit auoir d'autre témoin que Dieu. Le ciel le disposoit, par ces petits sacrifices, à vn plus grand; & le preparoit par l'exercice continuel de la mortification, à la mort glorieuse dont ie parleray au chapitre suiuant.

Chapitre VIII.

Le massacre des Peres Aubergeon, & Gueimu, & de deux ieunes hommes François qui les accompagnoient.

LEs iugemens de Dieu sont des abysmes : Cet homme incomparable, qui deuoit viure des siecles tous

Sauuages, six mois aprés nostre entre-
ueuë, & auec luy le Pere François
Gueimu, qui peu de temps auparauant
luy auoit esté enuoyé pour compagnon dans cette Mission. Ils ont donné l'vn & l'autre par tout où ils ont esté
& en France, & dans les Isles, des
marques d'vne si rare vertu, que leur
memoire y sera tousiours en benediction.

Ie passay auec eux de France en l'A-
merique, & fus sur le point de receuoir le mesme traitement : mais cette
faueur ne s'accorde qu'aux personnes
qui ont des vertus heroïques : Ie n'é-
tois pas encore meure pour le ciel ; &
mes pechez meritoient vne plus longue
penitence. Voicy l'occasion d'vn si funeste accident, si toutefois on doit nom-
mer accident funeste vne mort si sou-
haitable, & si pretieuse.

Les Caraïbes de la Dominique qui
ne pouuoient souffrir l'établissement
des François dans l'Isle de Marigalande,
ne s'estant pas contentez de les auoir
massacrez comme i'ay rapporté cy-dessus, ils tâcherent encore d'engager tous
les autres Sauuages dans leur querelle,

& les porterent à vne generale coniuration contre les estrangers. Ils sollicicerent, pour cet effet, les Sauuages de S. Vincent d'entrer en cette ligue : mais ceux-cy en furent dissuadez, pour vn temps, par le Baba, pere du ieune Caraïbe qui auoit esté ramené dans cette Isle par le Pere Aubergeon, qui m'écriuit en ces termes sur cette affaire. *Les Sauuages de S. Vincent ayant esté sollicitez par ceux de la Dominique de se ioindre à eux pour faire la guerre aux François, en ont esté détournez par le Baba, tousiours le mesme, ie veux dire tousiours fauorable, & fidele aux François, qui a reietté la proposition qui luy en a esté faite par ceux qu'on luy auoit enuoyez pour ce faict.* C'est ce que le Pere m'écriuoit touchant cette entreprise des Sauuages de la Dominique, deux mois auant sa mort.

Mais autant que le Baba auoit d'inclination à la paix, ses compatriotes en témoignoient pour la guerre : à cause de quelque autre Isle que les François auoient occupée depuis peu en leur voisinage, dont ils faisoient paroistre

enfin déterminer à la guerre : le premier fut, qu'vn François Capitaine de batteau qui estoit allé au Golfe des Paria pour prendre de la Tortuë, & qui se seruoit en cette pesche d'vn Caraïbe de S. Vincent, se persuada que ce Sauuage auoit quelque part au meurtre d'vn homme de son equipage, qui auoit esté assassiné par les Sauuages de la nation des Paria : sur ce soupçon il le fit lier au mas du batteau, & ne se contenta pas de le maltraitter luy méme, mais le fit fouëtter cruellement par plusieurs de ses hommes. Le Caraïbe estant de retour à l'Isle de S. Vincent, ne manqua pas de faire sçauoir aux autres Sauuages l'outrage qu'il auoit receu, & n'oublia rien pour les porter à venger vn affront qui tomboit sur toute la nation.

Vn autre François, non moins imprudent que le premier, qui trafiquoit depuis quelques années dans l'Isle de S. Vincent, s'estant eniuré prit querelle auec vn des principaux Caraïbes de cette Isle, & l'eust tué si son pistolet

rencontre, se retirant dans vn autre quartier de l'Isle sans aucun dessein de vengeance: mais vn de ses amis n'apprit pas plustost ce qui s'estoit passé, qu'il alla massacrer ce miserable dans son lit, où il s'estoit ietté plein de vin, & de fureur.

Le meurtrier ayant fait ce coup, crut qu'il falloit se défaire en mesme temps des autres François qui étoient dans l'Isle: il alla pour ce suiet dans toutes les cases auertir, qu'il auoit commencé à se vanger des François, & qu'il estoit temps d'acheuer. Il fut suiuy de plusieurs Sauuages qu'il conduisit à la maison de nos Peres, qu'ils rencontrerent dans la Chapelle, l'vn (qu'on croit estre le Pere Aubergeon) celebrant la Messe enuiron les sept heures du matin, vne heure aprés le leuer du Soleil; & l'autre au pied du méme Autel se disposant à la dire. Ils assommerent ces deux victimes dans le lieu du sacrifice, & auec ces deux vne troisiéme, qui estoit l'vn des deux ieunes hommes que nos Peres auoient amenez auec eux, & qui seruoit actuellement la Messe : l'autre, voyant cette boucherie, se jetta dans les bois, pour se sauuer: mais les Sauuages l'ayant suiuy, & attrapé, l'assommerent de la mesme façon que les trois autres, & jetterent leurs corps dans la mer: lesquels cet element rejetta si viste, qu'on eust dit qu'il detestoit cette barbarie, & qu'il refusoit de couurir de ses eaux l'excés de leur ingratitude. Cette tragedie arriua le vingt-troisiéme iour de Ianuier de l'année 1654.

Tous deux auoient rendu à Dieu plusieurs bons seruices en France, dont ie ne diray que ce mot. Le Pere Aubergeon fut tiré d'vne basse classe, dans laquelle il enseignoit nostre ieunesse du College de la Rochelle, quand il fut enuoyé dans les Isles: occupation que son zele, & son humilité luy auoient renduë tres-agreable. Et le Pere Gueimu, s'étant consacré à la vie de Missionnaire dans les campagnes de France depuis qu'il fut fait Prestre, y reüssissoit auec tant de succez, qu'il paroissoit bien deslors que des talents si auantageux pour la vie Apostolique, ne pourroient pas se contenir dans les bornes des Prouinces de France: Dieu luy en auoit don-

F ij

né vn tout particulier pour la conuersion des heretiques, dont il a ramené bon nombre à l'Eglise. Mais, pour ne pas m'étendre dauantage sur cette matiere, ie me contenteray de dire, qu'ils s'acquitoient tous deux tres-dignement de toutes les fonctions de nostre Compagnie.

Comme cette perte a esté grande, elle nous a esté aussi tres-sensible: mais nous esperons que le sang de ces grands seruiteurs de Dieu sera vne semence feconde du Christianisme, & que le Ciel reparera la perte de ces deux hommes d'élite par vn nouueau secours de Missionnaires, qui prendront bien tost leur place. Le Pere Aubergeon estoit natif de Chinon en Touraine, & le Pere Gueimu de Castelialoux petite ville de Gascogne: il y auoit vingt ans que celuy-là estoit Iesuite; & celuy-cy quinze. Ils sont tous deux morts en la fleur de leur âge, & lors qu'ils sembloient estre plus necessaires au monde, pour la conuersion de ces peuples: mais ils ne pouuoient mourir en vn temps plus fauorable, puisqu'ils ont esté sacrifiez eux mesmes lors qu'ils offroient Iesus-

des Isles de l'Amerique. 85

Christ en sacrifice, pour le salut de ces pauures Barbares.

Les Sauuages firent des sifflets de leurs os, suiuant leur coustume quand ils ont assommé leurs ennemis. On nous a rapporté que les principaux Sauuages de cette Isle ont esté fort faschez de leur mort, & qu'ils conseruent encore leurs ornemens d'Autel, & leurs habits, pour les rendre quand la paix sera faite. Ce massacre a beaucoup retardé leur conuersion, & a esté cause de la perte de plusieurs ames, dont nous auons esté sensiblement touchez.

Ils commencerent dés le mesme iour vingt-trois de Ianuier, à exercer toute sorte d'actes d'hostilité contre les François; & passerent pour ce suiet à l'Isle de sainte Aloufie, sous pretexte d'aller visiter le Commandant que Monsieur le General du Parquet y auoit establi, mais en effet pour l'assassiner: ce qu'ils firent, & enleuerent de plus sa femme, deux de ses enfans, & vne femme Negre de ses Esclaues, dont on n'a appris depuis ce temps-là aucune nouuelle.

Tandis que ceux-là se vengeoient des

F iij

François de Sainte Aloüsie, qu'ils pretendoient auoir vsurpé leurs terres, cent cinquante autres se mirent en mer dans trois pirogues pour me venir surprendre, & assommer dans la Prouince d'Oüarabiche, où i'estois parmy les Galibis de terre ferme: mais la diuine Prouidence me garentit de leurs mains, m'ayant obligé de retourner aux Isles la veille du massacre de nos Peres, pour me faire traiter d'vne indisposition qui m'étoit suruenuë: mais quand i'y fusse demeuré plus long-temps, il est croyable que Dieu se fust seruy du mesme moyen pour me conseruer, dont il auoit vsé quelque année auparauant en faueur du Pere Méland; ce qui arriua de la sorte.

Vn Caraïbe, frere d'vn de ceux qui auoient esté enleuez, & vendus par vn marinier François en l'Isle de la Tortuë, & qui fut depuis ramené dans son pays par les soins, & par l'autorité de Monsieur le General de Poincy, s'estoit rendu à Oüarabiche, pour venger sur le Pere Méland le tort que son frere auoit receu de ce marinier: mais n'ayant pas osé executer cette entreprise, dans vn carbet de Galibis, sans leur auoir communiqué son dessein, il fut trahy par celuy auquel il auoit découuert son secret; qui appellant aussi tost le Pere Méland luy dit, en presence du Caraïbe, & de plusieurs Galibis, *Mon compere, voila vn homme qui est venu icy pour te tuer; tuë-le, mais tuë le hardiment, car il n'en sera autre chose.* Le Pere s'estant informé du suiet de son mécontentement, luy fit entendre qu'il ne pouuoit pas raisonnablement se prendre à sa personne, pour vn déplaisir qu'il auoit receu d'vn méchant homme; du dessein duquel il n'auoit eu aucune connoissance. Mais au lieu de se vanger de luy, le Pere luy fit de beaux presens pour luy gagner le cœur, & l'affectionner à nostre sainte foy.

Voicy vne autre occasion dans laquelle i'ay esté fauorisé d'vne particuliere protection de Dieu. Comme nous estions à l'anchre au retour de terre ferme, à vne Isle des Grenadins, attendans le vent fauorable pour continuer nostre route; le Capitaine de nostre batteau appella ceux qui estoient descendus à terre, & fit appareiller auec tant de précipitation, qu'on eust dit qu'il eust déia veu les ennemis, quoy qu'il n'eust aucune connoissance de leur approche, ny du peril où nous estions; mais seulement, aprés vne pensée forte, & vn mouuement puissant qui le pressoit de partir. Nous vismes depuis que c'estoit vn ordre secret de la Prouidence de Dieu: car à peine fusmes nous en mer que nous apperçeumes six pirogues de Caraïbes qui nous alloient inuestir; nous n'auions que huit ou dix hommes de defense dans nostre barque, & ils estoient trois cens guerriers dans ces pirogues; n'ayant pû nous surprendre ils nous poursuiuirent & nous ne leur pouuions échaper, si le desespoir de nos gens ne leur eust donné de la terreur; ils étoient déia à la portée du fusil, ils auoient amené toutes leurs voiles, leurs arcs estoient aiustez pour le combat, & nous les voyions déia tous prests à décocher sur nous leurs fleches empoisonnées, lors que nous fismes quelque semblant de nous vouloir defendre, non pas tant dans l'esperance de la victoire, que dans la resolution de leur faire acheter nos vies bien cherement: nous auions dans noſtre batteau deux méchans pierriers qui nous ſauuerent: car comme nous les eûmes braquez l'vn ſur le deuant, & l'autre ſur l'arriere de noſtre barque, & pointez ſur leurs pirogues, les Sauuages les apperceuans, & craignans leur décharge, firent diligence de ſe remettre à la voile, & s'en allerent à l'Iſle de la Grenade; où ils attaquerent vn quartier fort éloigné, qui ne pouuoit pas facilement eſtre ſecouru, maſſacrerent quelques François auec leurs eſclaues, & bruſlerent pluſieurs caſes.

Nous auons ſceu depuis, que le danger que nous auions couru, auoit eſté plus grand que nous n'auions penſé: pource qu'ils auoient encore d'autres pirogues armez en guerre proches de nous, que nous ne pouuions pas découurir. Qui nous peut nuire quand Dieu nous veut proteger? Non ſeulement cette petite armée nauale d'Infideles ne nous fit point de mal, mais meſmes prit la fuite à la rencontre de huit ou dix perſonnes que nous eſtions dans ce batteau.

Les Caraïbes ont fait pluſieurs courses pendant toute l'année passée dans diuers quartriers des Isles de la Grenade, & de la Martinique; pillant, & bruslant les cases, assommant les hommes, & enleuant les femmes: quoy qu'ils ne fassent la guerre que par surprise, ils ont pourtant beaucoup incommodé nos François, dont ils ont massacré soixante ou quatre-vingts, en diuers rencontres; ayant perdu trois ou quatre cens hommes de leur costé. Monsieur le General du Parquet Seigneur & Gouuerneur des Isles de la Martinique, de la Grenade, & de sainte Alousie, a esté contraint de leur faire la guerre, & d'armer, non seulement contre les Sauuages de Saint Vincent; mais mesme contre ceux de la Martinique, & de la Grenade; parce que dans les courses que ceux-là faisoient sur nous, ceux-cy contre la parole qu'ils auoient donnée se ioignoient aux ennemis, & massacroient les François qu'ils pouuoient surprendre.

Quand ie partis neantmoins des Isles pour venir en France, qui fut le seiziéme iour de Feurier de cette année 1655. il y auoit grande disposition à la paix, & il ne s'y commettroit plus aucun acte d'hostilité de part ny d'autre. Ie prie le grand Maistre des cœurs de les vouloir reünir, afin que nous puissions retourner à l'Isle de S. Vincent, pour rallier le bercail dispersé par le massacre de ses Pasteurs. Au cas que cette paix tant desirée se fasse, Monsieur du Parquet, qui a tousiours eu beaucoup d'inclination pour la conuersion de ces pauures Barbares, à dessein de leur enuoyer pour ostages deux de nos Peres, & de les obliger à en donner reciproquement d'autres, des plus considerables de leur nation. Le seiour parmy ces Barbares ne sçauroit estre que perilleux : mais tant s'en faut que le danger détourne nos Peres d'accepter cet employ, qu'au contraire il augmente leur zele, chacun desirant cette commission, pour pouuoir continuer ce que ces braues ouuriers auoient si heureusement commencé. Deux choses peuuent empécher vne si belle entreprise; sçauoir le petit nombre de Missionnaires, & le peu de moyen de les entretenir: mais nous esperons que Dieu ne laissera pas son ouurage imparfait. Outre le massacre des Peres Aubergeon, & Guermu, il nous en est encore mort deux, la méme année, le Pere Gaspar Iaquinot le dixiéme d'Auril, & le Pere Antoine Barré le treiziéme de Decembre, tous deux capables de rendre de bons seruices. Cette Mission ne peut estre que bien affoiblie de la perte de quatre Missionnaires de ce merite dans vne seule année. Il ne nous reste en toutes les Isles que dix Prestres, & deux Freres pour toutes les fonctions dont nous auons parlé cy-dessus; si on ne nous enuoye du secours, il est impossible de nous en acquiter.

Ie prie tous ceux qui liront cette Relation, de ioindre leurs vœux auec les nostres, & de prier le Maistre de la moisson d'enuoyer autant d'ouuriers qu'il en faut pour faire vne si belle recolte. Mais nous allons voir de plus grandes necessitez, en terre ferme, qui meritent bien que chacun s'y interesse plus particulierement, afin que la diuine Prouidence y pouruoye de la façon qu'elle iugera la plus auantageuse pour le salut de ces peuples innombrables, qui viuent sans connoissance de Dieu, & qui meurent hors d'esperance de salut.

F I N.

RELATION

DES MISSIONS DES PP.

DE LA COMPAGNIE

DE IESVS

en l'Amerique Meridionale.

SECONDE PARTIE,

DE LA TERRE FERME.

SECONDE PARTIE DE LA RELATION DES MISSIONS DES PP.
de la Compagnie de Iesvs, en l'Amerique Meridionale

DE LA TERRE FERME.

CHAPITRE PREMIER.

Premier Voyage du Pere Méland en la Terre Ferme, & la description du Pays.

Nous n'auons parlé iusques à present que de quelques Isles de l'Amerique Meridionale; il est temps que nous mettions le pied en la terre ferme: & que suiuant l'ordre que nous auons tenu en la premiere Partie, nous traitions premierement du pays en general, des auantages qu'on y trouue, & des merueilles de nature qui s'y rencontrent, & puis nous parlerons des Sauuages qui l'habitent, de leurs mœurs, de leurs coûtumes, de leurs difpofitions a receuoir la foy, de nos emplois en ce continent, & des belles efperances que nous auons d'y voir bien-toft établir l'Empire de Iefus-Chrift : mais il eft neceffaire qu'auant toute autre chofe, nous découurions les moyens dont la Diuine prouidence s'eft feruie pour nous ouurir la porte de cette contrée, aprés laquelle nous foûpirions depuis vn bon nombre d'années.

Le Pere Denis Méland ancien Miffionnaire de l'Amerique, ayant efté employé en diuerfes occafions à l'inftruction des Caraïbes, qui font, comme i'ay déja remarqué, les Sauuages des Ifles, auoit contracté de longues habitudes auec eux dans l'efperance de paffer bien toft par leur moyen aux nations infidelles de la terre ferme : mais voyant qu'ils n'eftoient pas fi propres à cette entreprife que les Galibis venus du continent, qui s'eſtoient établis auec les Caraïbes dans vn quartier de l'Iſle de la Grenade, il s'y tranſporta l'année 1651. & ſceut ſi bien s'inſinuer dans leurs eſprits, que deuant la fin de cette année ils l'introduiſirent en terre ferme par la bouche du Dragon ſur la riuiere d'Oüarabiche, dans la Prouince qui prend ſon nom du méme fleuue.

Le Pere fut reçeu dans vn Carbet, ou vilage de Galibis auec de grands témoignages d'affection, qui redoublerent à la veuë de quelques haches, ſerpes, couteaux, & autres petits preſens qu'il leur diſtribua, & qui leur furent d'autant plus agreables que les habitans de ce Carbet, qui eſtoit éloigné de 40. lieuës de la mer, n'entretenoient aucun commerce auec les Europeans, non plus que les autres Sauuages de la méme prouince: Il falloit les appriuoiſer de la ſorte pour gagner leur affection, & pour leur debiter plus vtilement les marchandiſes du Ciel, ie veux dire la connoiſſance des myſteres de noſtre Foy, qui eſtoit l'vnique fin qu'il s'eſtoit propoſée allant en leur pays.

Il s'appliqua, pour cet effet, auec grand ſoin à apprendre leur langue : ce

A ij

que fit aussi de sa part vn ieune garçon François qu'il auoit mené auec luy: leur principale occupation, pendant plusieurs mois, fut l'étude de cette langue, laquelle le Pere tâchoit de reduire en preceptes, par des reflexions continuelles qu'il faisoit, & le ieune garçon se contentoit de remarquer la façon plus ordinaire de parler des Sauuages, pour s'en seruir aux occasions : Ils conferoient souuent ensemble de ce qu'ils auoient appris dans leur conuersation.

Le Pere accōpagnoit quelque fois les Galibis dans leurs courses, & aux visites qu'ils faisoient de leurs parens, & amis éloignés de leur carbet. Et comme il n'estoit pas encore assez sçauant en la langue pour l'instruction des adultes, il s'occupoit au Baptéme des petits enfans qu'il trouuoit en danger de mort, dans les vilages qu'il visitoit. La contention d'esprit qu'il apportoit à l'étude de cette langue (à laquelle il employoit 10. heures chaque iour) la mauuaise nourriture qu'il prenoit auec les Sauuages, & les grandes fatigues de ses voyages, le ietterent enfin dans vne dangereuse maladie qui nous fit desesperer de sa santé; & qui nous fut d'autāt plus senfible, qu'il nous eftoit impoffible de le fecourir, tous nos Miffionaires eftans occupés au deffus de leurs forces : mais il plût à Dieu nous le rendre, & nous le ramener aux Ifles en bonne difpofition, vn an aprés qu'il en eftoit party.

Le fujet de fon retour fut le defir qu'il auoit de reprefenter à nos Superieurs la neceffité de tant de pauures Barbares qu'il auoit veus en terre ferme, leur affection pour les François, la docilité de leur naturel, & la facilité de leur conuerfion. Il demandoit pour ce fujet plufieurs ouuriers ; mais la difette que nous en auions fut fi grande, qu'on l'obligea de fe contenter d'vn compagnon, qu'il fallut méme attendre quelques mois, n'ayant pû fi toft quitter le quartier de l'Ifle de fainct Chriftophle qu'il feruoit : nous en parlerons au chapitre fuiuant: employons le refte de celuy-cy à donner vne brieue connoiffance de cette contrée de l'Amerique dont nous auons à nous entretenir en cette feconde partie.

Le pays dont i'ay promis de parler en ce lieu, fe voit marqué dans les Cartes de l'Amerique depuis la riuiere des

Amazones, du costé du Süest, iusques à Comana vers le Norouest, & est terminé au Nordest par la mer, & au Sud s'estend sans bornes, & sans limites, dans des espaces presqu'infinis qu'on n'a pas encore découuerts. La Guiane fait vne bonne partie de ce pays, qui a esté autrefois si fort renommée, pour les esperances que les Espagnols auoient d'y trouuer des mines d'Or inépuisables, qu'ils en appellerent vn quartier *El daurado*; elle est bornée des deux riuieres des Amazones, & d'Orinoc, qui sont d'vne prodigieuse grandeur.

On dit que ceux qui découurirent les premiers la riuiere des Amazones luy donnerent ce nom, pource qu'ayans mis pied à terre sur la riue de ce grand fleuue, ils n'y rencontrerent que des femmes, & que, s'estans rembarqués pour monter plus haut dans cette riuiere, ils virent grand nombre de Sauuages sous les armes, & parmy eux plusieurs femmes fort grandes qui animoient les hommes au combat. Elle est prodigieusement large, & profonde, & le reflux de la mer y monte iusques à cent lieuës dans les terres: Elle en a 60. ou 70. de largeur en son embouchure; au delà de laquelle elle roule des flots d'eau douce bien auant dans la mer. Vn Auteur Anglois, qui a fait la description de la Guiane, en parlant comme témoin oculaire, dit qu'il a luy méme puisé de l'eau douce dans son courant à 30. milles, c'est à dire à dix lieuës de terre. Son embouchure est quasi sous la ligne, n'en estant élojgnée que de demy degré d'vne part, & de deux seulement de l'autre: mais cette coste s'en écarte peu à peu, montant vers Comana au Noroüest; en sorte neantmoins que la Bouche du Dragon, qui est l'endroit le plus auancé vers le Septentrion, n'en est distante que de 10. degrés. Cette riuiere prend sa source dans le Peru, depuis laquelle iusques à la mer où elle se perd, on compte plus de dix-huit cens lieuës, suiuant le rapport du Pere Christophle Acunna de nostre Compagnie qui en a fait le voyage, & qui en a donné la description au public.

Il y a vne chose digne de remarque prés de l'embouchure de ce grand fleuue, c'est qu'on y trouue vne espece d'argile verte, admirable en deux proprietés qui luy sont particulieres: la premiere, qu'elle est molle tandis qu'elle est

A iiij

dans l'eau, & qu'on luy peut imprimer toutes les figures, & donner toutes les formes qu'on veut ; mais quand elle est exposée à l'air, elle se durcit de telle sorte que le Diamant n'est guere plus dur que les pierres qu'on en fait. La seconde, que ces pierres ont cette vertu digne d'admiration, que si vne personne atteinte du haut mal en porte vne sur soy, elle n'est point sujette aux accidens de cette maladie. I'ay veu des haches formées de cette argile, dont les Sauuages se seruoient à couper du bois lors qu'ils n'auoient point l'vsage des nostres ; leur trenchant estoit semblable à celles de fer dont nous vsons; mais il se terminoit en vne poignée, pour les tenir à la main en trauaillant.

Il ne faut pas penser que la riuiere des Amazones possede toute seule les auantages de ce grand pays : les autres ont leurs beautés, & leurs commodités, & particulierement celle de Caïene, qui a déja plusieurs fois attiré de France quantité de personnes pour habiter l'Isle qu'elle forme, fort prés du Continent: elle n'est pas pourtant la plus considerable, Coupenam, Surinam, Balime, &

Macourou sont beaucoup plus grandes mais aucune n'approche de la grandeur, & de la prodigieuse étenduë de celle d'Orinoc, à laquelle on donne cent lieuës de largeur en son embouchure, y comprenant les petites Isles qu'on y rencontre, & qui en incommodent beaucoup l'entrée. Ce n'est pas de merueille si elle est si grande, & si vaste, puis qu'outre vne grande quantité de petites riuieres, & de ruisseaux, douze ou quinze beaux fleuues la grossissent en sa course, qu'elle fait en partie au delà de la ligne. Elle termine d'vne part la Guiane, & de l'autre la prouince d'Oüarabiche: celle-cy du costé de l'Oüest; & Noroüest; & celle-là vers l'Est, & le Süest: & se rend finalement dans la mer, au 8. degré d'éleuation du Pole Artique, ou Septentrional.

Sainct Thomas est placé dans l'extremité de la Guiane sur le bord de cette grande riuiere, assés auant dans les terres: les habitans Espagnols y sont en fort petit nombre, & n'ont point de commerce auec les Europeans, mais seulement auec les Sauuages du pays qu'on nôme Caribes; & auec les Aroüagues, &

les Saïmagotes leurs voisins, & leurs confederés, qui sont ennemis des Galibis, des Coré, des Arotes, des Paria, des Caraïbes, & de quelques autres nations qui ont fait ligue offensiue, & deffensiue contre eux, & contre les Espagnols leurs alliés. Vne partie des Saïmagotes de la prouince d'Oüarabiche a depuis quelque temps fait la paix auec nos Galibis, & nous esperons que les autres de la méme nation, & de la méme prouince en feront bien-tost autant, ce qui ne contribuera pas peu à la propagation de l'Euangile en ce pays.

Cecy suffira pour le dessein que j'ay pris de donner vne grossiere connoissance de cette coste de l'Amerique qui fait la principale, bien que non pas la plus grande partie de cet espace du continent dont nous auons à nous entretenir. Les Cartes, & les Liures qui traittent de cette contrée, ne faisans point mention du fleuue d'Oüarabiche ny des belles terres qu'il arrouse ; ie me sens obligé d'en dire icy quelque chose, pour en faciliter la route à ceux qui auroient dessein d'y venir.

Quand on se presente au destroit

qu'on nomme communément *Bocca del Drago*, ou la Bouche du Dragon, on trouue, entre l'Isle de la Trinité, qui est à main gauche; & la pointe de terre ferme, que les Sauuages appellent *Baroüé enétale*, c'est à dire le Nés de terre ferme; trois petites Isles également distantes l'vne de l'autre, & placées de rang dans deux lieuës d'étenduë qu'il y a entre ces deux terres: Ce pays est montagneux le long de la mer, & méme la Trinité est toute coupée de montagnes du costé qu'elle s'approche de ces petites Isles: bien que de l'autre part de l'équerre qu'elle forme, descendant vers l'embouchure d'Orinoc, ce soit vne terre fort vnie, & fort égale: les Espagnols s'y sont placés dans les montagnes, & y ont bâty vne bourgade qu'ils nomment sainct Ioseph, où ils sont au nombre de 200. hommes, éloignée de 4. ou 5. lieuës de la Bouche du Dragon. Le reste de cette belle, & grande Isle est habitée des Sauuages, qu'on appelle Maboüyes, que les Espagnols ont conuertis à la Foy, & auec lesquels ils viuent en bonne intelligence: ces pauures gens n'osent sortir de cette Isle, à cause qu'ils ont pour ennemis tous les autres Sauuages du voisinage, qui le sont pareillement des Espagnols: nous esperons que la Foy reunira leurs cœurs, & leur seruira de lien d'amour, & de concorde : poursuiuons nostre route.

Nauigeant du Nord au Sud on entre dans le golfe des Paria qui donne son nom à vne nation de Sauuages qui est amie des François; & passant plus auant vers l'Oüest-suroüest on arriue enfin à vn grand cul de sac qui se forme au fonds de ce golfe : c'est au milieu de cet enfoncement qu'on trouue la riuiere d'Oüarabiche, qui a deux lieuës de largeur en son embouchure, & deux branches principales, dont l'vne descend de l'Oüest, & l'autre du Suroüest. Il y a toute apparence qu'elle peut porter des nauires iusques à la ionction de ces deux branches, qui se fait en forme de fourche à 25. lieuës de la mer, dont le reflux monte 5. ou 6. lieuës plus auant, dans l'vne, & dans l'autre. Celle de main droite est nommée la riuiere des Saïmagotes, pource qu'elle conduit aux Carbets de cette nation, & celle de la gauche retient le nom de la prouince, &

s'appelle d'Oüarabiche; les batteaux, ny les autres vaisseaux portans voile n'y sçauroient nauiger, à cause qu'elle serpente beaucoup: il faut de necessité se seruir de Pirogues, ou de quelqu'autre sorte de Barques, qu'on conduise à la rame.

Ce fleuue est paré en ces deux bords d'vne tapisserie de haute-lice toûjours verte, qui réjoüit, & termine la veuë: ce sont des Parétuuiers, arbres qui iettent des racines au bout des branches, lesquelles se courbans vers la terre y forment d'autres arbres, sans se separer de leur souche, l'vn ne montant pas plus haut que l'autre, l'espace de 25. lieuës. On diroit à voir ce bel ouurage de la nature que quelque soigneux jardinier les tond, & les coupe de mesure tous les iours.

Cette riuiere est fort poissonneuse; on y trouue méme des Crocodiles bons à manger, beaucoup plus petits, & d'autre nature, mais pourtant de la méme forme que ceux qui deuorent les hommes, qu'on nomme Caïmans, & qu'on rencontre en quelques autres endroits de nostre Amerique. On y voit de grandes troupes d'oiseaux au bec plat, qu'on nomme Spatules, plus grands que des Pigeons, & d'vn incarnadin fort éclatant: les ieunes sont d'vn plumage blanc, qui auec le temps deuient rouge : ils sont si défians qu'il est fort malaisé d'en prendre : Ie n'en ay veu que dans cette riuiere, quoy que ie ne doute pas qu'il n'y en ait aux autres de cette Prouince; sur lesquelles ie n'ay point nauigé.

Ie finiray ce Chapitre par vne merueille de nature qui se voit à Oüarabiche: c'est qu'outre les sources d'eau douce qu'on y rencontre, il y en a vne d'eau salée sur vne petite eminence à 40. ou 50. lieuës de la mer, qui lors qu'elle monte iette vne grãde quantité d'eau, & quand elle est basse, tarit tout à fait, & ne laisse que de la vase. Il faut que Dieu, le grand maistre de eaux, aussi bien que de toutes les autres creatures, y conduise cet élement, par des canaux soûterrains. Reprenons nostre histoire.

CHAPITRE II.

Second voyage du Pere Méland en Terre ferme, & ce qui nous arriua en chemin.

Qvelque instance que fit le Peré Méland pour obtenir bon nombre de Missionnaires pour la terre ferme la necessité en fut si grande dans les Isles, qu'on ne pût luy en accorder qu'vn seul. Le sort tomba heureusement sur moy; & ie fus aduerti de me disposer à ce voyage, & de luy seruir de compagnon.

Plusieurs ieunes hommes de ceux dont nous auons parlé en la premiere partie, qui auoient pris vne forte resolution de s'employer à leur salut, & à celuy du prochain, se seruans de cette occasion, nous firent grande instance pour nous accompagner en terre ferme, & y trauailler coniointement auec nous à l'instruction des Sauuages: nous n'en choisîmes neantmoins que trois à saint Christophle, & en prîmes vn quatriéme à la Martinique ; les autres ayans esté renuoyez à quelqu'autre occasion.

Tandis que ie me disposois à ce voyage, le Pere Méland se mit en chemin ; & se rendit à la Martinique, où ie l'allay trouuer quelque temps apres : Et luy declaray que le sentiment de nos PP. de saint Christophle estoit que nous cherchassions vn poste dans la Guiane pour nous établir; afin que si celuy d'Oüarabiche venoit à nous manquer, nous pussions nous y retirer pour y trauailler à la conuersion des Sauuages. Vne occasion assez fauorable s'en presenta; vn François ayant enleué au mois d'Auril de l'an 1653. quelques Esclaues de la riuiere de Coupenam dans la Guiane ; & les ayant menez à la Martinique, pour les vendre; nous iugeâmes que si nous les ramenions en leur pays nous y serions fauorablement receus par leur moyen: si bien qu'ayant trouué deux femmes de la nation des Galibis, nous les acheptâmes auec vne petite fille qu'elles auoient de l'âge de deux ou trois ans, de laquelle l'vne estoit la Mere, & l'autre la grand'Mere.

Dieu qui vouloit sauuer cette petite creature, permit qu'elle tombât dans
vne

vne maladie qui l'affoiblit si fort qu'on ne croyoit pas qu'elle eut vn iour de vie. Ie ne l'osois baptiser sans le consentement de ces deux femmes, de peur qu'elles ne dissent en leur pays que le Baptéme auoit fait mourir leur fille: & ne pouuois demander ce consentement, pour ne sçauoir pas leur langue: il m'estoit d'ailleurs impossible de luy conferer ce Sacrement sans qu'elles s'en apperçussent, à cause qu'elle estoit toûjours entre leurs bras. Comme i'estois en cette perplexité, Dieu me fit naistre l'occasion de la baptiser à leurs yeux, sans qu'elles s'en donnassent de garde: car la Mere ayant apporté vn vase plein d'eau de la riuiere, pour lauer sa petite malade, ie fis l'officieux, & prenant de l'eau auec la main, comme pour la lauer conioinctement auec elle, i'en versay sur sa teste prononçant tout bas les paroles Sacramentales. Et la nommay Marie, pour reconnoître la faueur que i'auois obtenüe dans ce rencontre par l'intercession de la sainte Vierge: peu d'heures apres ce petit Ange s'enuola au Ciel, expirant quasi dans vn moment. Mais reuenons à nostre voyage.

B

Nous nous embarquâmes à la Martinique le Pere Méland, & moy, auec ces quatre ieunes hommes François dont i'ay parlé, & ces deux femmes Esclaues, le 20. iour de Iuin de l'an 1653. & ayans esté contrains d'arrester prés d'vn mois en chemin, pour attendre le vent fauorable, nous fûmes enfin obligez de quitter nostre premier dessein d'aller à Coupenam, & de nous rendre à l'Isle de saint Vincent; où nous laissâmes ces deux femmes, pour estre renuoyées dans leur pays par le premier Pirogue de leur nation; & les recommandâmes pour cet effet au Pere Aubergeon Missionnaire de laditte Isle, qui ne manqua pas d'en prendre vn grand soin, & de les faire embarquer quelque temps aprés.

Nous estans remis en mer, pour continuer nostre route vers le quartier d'Oüarabiche, nous fûmes surpris d'vn calme bien ennuyeux, qui nous arresta long-temps aux autres rades de cette Isle; & fut suiuy d'vn furieux Houragan qui nous eut fait perir irremissiblement si nous eussions encore esté à l'anchre; mais par vne prouidence particuliere de Dieu, i'obligeay nos matelots à se mettre à la voile, nonobstant qu'ils me representassent qu'il ne faisoit point de vent, & qu'ils seroient en danger d'eschoüer à la coste, & de s'y briser. Nous vîmes en moins d'vn quart d'heure qu'il estoit temps de sortir delà; car nous n'eûmes pas plûtost appareillé que l'Houragan commença, dont les premieres bouffées de vent qui en furent les preludes, & les auant-coureurs, nous donnerent le moyen de nous esleuer en mer, & d'en éuiter le danger.

En cette même rade se rencontra vn autre batteau François qui n'en fut pas quitte à si bon marché : car il échoüa aux Grenadins, & s'y brisa miserablement. Nous estions cependant bien auant dans nostre route, Dieu permettant que cét Houragan, dans sa plus haute violence, nous seruit de vent arriére pour nous porter où nous voulions aller.

On appelle Houragan dans les Isles vne tempeste extraordinairement violente, qui agite la mer auec tant de furie qu'elle semble monter iusques au Ciel, & s'entr'ouurir iusques aux abysmes : les nauires qui sont pour lors aux rades, ou dans les ports, se brisent à la coste; pour ce que cette tempeste fait dans l'espace de vingt-quatre heures tout le tour du compas, & il souffle de toute sorte de vens : en sorte que si vous estes à couuert de l'vn, l'autre ne manquera pas de vous perdre, sur terre elle renuerse les maisons ; jonche d'arbres les campagnes ; coupe au pied tous les Magnocs, de la racine desquels on fait le pain ; brise les Petuns, & les Cannes de Succre ; noye tous les viures ; & ruine toutes les esperances d'vne année. On dit en commun prouerbe que petite pluye abbat grand vent, on voit icy tout le contraire : la pluye est continuelle pendant le Houragan, & le vent ne s'apaise pas : le Ciel s'obscurcit si prodigieusement que du iour il en fait la nuit : il ne se trouue aucun lieu d'asseurance ny sur la terre, ny sur la mer : on abandonne les maisons de peur d'y estre accablé par leur ruine : on n'ose se tenir dans les bois, de crainte d'estre écrasé par la cheute des arbres : le lieu le plus asseuré est la rase campagne ; mais la pluye, qui tombe à seaux, perce dans vn moment les habits : & ce qui est de plus facheux, il faut souffrir cette incommodité pendant vingt-quatre heures, fans y pouuoir apporter de remede.

Les Isles font fuiettes aux Houragans, mais la terre ferme en eſt exempte : Il n'eſt à craindre que quatre mois de l'année, qui ſont Iuillet, Aouſt, Septembre, & Octobre. On dit que les tremblemens de terre, qui ſont aſſés frequens aux Isles, en ſont les auant-coureurs, & luy ſeruent de pronoſtique : pour en parler ſainement, la veritable cauſe nous en eſt inconnuë, quoy que les Caraïbes la reiettent ſur les Europeans, & aſſeurent qu'auant leur venuë dans ces contrées ils n'en auoient iamais veu. Les anciens habitans François ſemblent fauoriſer leur ſentiment : car ils diſent qu'au commencement qu'ils y vindrent, à peine y en auoit-il vn en dix années : & que depuis ils les ont veus reglés de ſept en ſept ans : s'il eſt ainſi, il faut que les pechés des hommes s'y ſoyent bien multipliés; puiſque nous en auons veu quatre en trois années conſecutiues, vn en l'an 1651. vn autre en 52. & 2. en l'année 1653. dont celuy-cy, à l'occaſion duquel i'en parle, arriua le 13. iour de Iuillet ; & le deuxiéme, le premier iour d'Octobre.

Il est vray que cette tempeste qui met en feu la mer, & tous les autres élemens en confusion ne traitte pas également mal toutes les Isles ; bien que toutes s'en ressentent d'vne façon, ou d'autre : car elle exerce pour l'ordinaire sa violence sur vne, ou deux seulement. Celle du treiziéme Iuillet fut si funeste à saint Vincent, qu'elle renuersa les cases, & en entraina plusieurs dans la mer, fit mourir quelques Sauuages, arracha tous les viures, & y laissa des marques qui ne seront effacées de bon nombre d'années. Le Pere Aubergeon qui pour lors estoit dans cette Isle, m'écriuit, que le bon vieillard Caraïbe, qui l'auoit receu auec tant de bien-veillance dans son Carbet, voyant le desordre de cet Houragan, luy auoit dit, Ne t'étonne pas mon compere, le *Mabóia* (c'est a dire le Diable) ne peut supporter que tu nous enseignes le chemin du Ciel, c'est luy qui a excité cette tempeste qui passera bientost, ne t'en étonne pas.

Le houragan de l'année 1652. ne s'estoit pas fait moins ressentir à Saint Christophle : car il brisa, au quartier de la pointe de Sables, où ie demeurois pour lors, quatre ou cinq nauires chargés de marchandises, qui n'attendoient que l'heure de leuer l'anchre : entre ces vaisseaux il y auoit vne grande flute Hollandoise qui resista plus long-temps à la mer que les autres, & me donna moyen de secourir deux hommes qui n'attendoient que la mort sur l'arriere de ce vaisseau; comme ils ne sçauoient pas nager, ils n'osoient se ietter à la mer, comme auoient fait leurs compagnons : l'vn estoit Catholique, habitant de la Gardeloupe, & l'autre Huguenot, & Chirurgien de sa vacation : comme ie les vis en ce danger, ie leur fis signe du riuage où i'estois, qu'ils demandassent pardon à Dieu de leurs pechés, & qu'ils se disposassent à en receuoir l'absolution ; ce qu'ils firent, s'estans tous deux mis à genoux pour cet effet, les yeux, & les mains vers le Ciel : & peu de temps après ils se tournerent de mon costé, & baisserent la teste, pour demander l'absolution ; L'heretique aussi bien que le Catholique, l'ayant receuë, le Huguenot se ietta en mer, pour tâcher de se sauuer, mais la mer estoit si rude qu'il y fut bientost englouty. Le Catholique se tint quatre ou cinq heures durant sur vne piece du débris de ce vaisseau, pendant lesquelles nous nous efforçâmes de le tirer de ce danger, mais inutilement: I'auois obligé plusieurs François, Anglois, Hollandois, Sauuages, & Negres à se mettre à la nage, pour l'aller secourir; mais le vent, & la mer les en repoussoient si rudement qu'ils nepurent iamais en approcher, non pas méme luy faire tenir vne corde, à laquelle on auoit attaché vne pierre, pour luy ietter. Mais enfin Dieu luy voulant donner la vie, six ou sept ieunes hommes s'aduiserent d'aller à luy, portans chacun vn baston en vne main, sur lequel ils s'appuyoient quand le flot les enleuoit, & de l'autre ils s'attachoient à vn de leurs compagnons: ce qui leur reussit si bien qu'ils l'amenerent à terre tout meurtry des coups que les pieces de ce vaisseau fracassé luy auoient donnés dans l'agitation de la mer. Mais reprenons nostre route, de laquelle ce Houragan nous a detourné.

CHAPITRE III.

Nostre arriuée à Oüarabiche, & le depart du Pere Méland pour saint Thomas.

APrés auoir employé beaucoup de temps inutilement à attendre le vent fauorable pour aller à Coupenam, & auoir esté arrestés sur mer par plusieurs calmes pendant nostre voyage ; nous arriuâmes enfin heureusement à nostre Carbet d'Oüarabiche, le neufiéme iour d'Aoust de l'année 1653. & fumes receus des Galibis auec de grands témoignages de ioye, & d'amitié. Ces paures gens nous rendoient tous les seruices dont ils se pouuoient aduiser; nous mesuroient des yeux, & ne se pouuoient saouler de nous regarder : ils ne sortoient de nostre Case que sur la nuit, & nous disoient que tous les Carbets du pays s'estoient réjouys de nostre arriuée.

Ils nous mirent en main deux lettres, que quelques Sauuages venus de saint

Thomas auoient apportées à Oüarabiche en l'absēce du P. Méland: l'vne, qui estoit Latine, estoit écrite par Dom Martin de Mendosa, qui commande dans cette place, & se qualifie Duc de la Guiane, & Gouuerneur perpetuel de l'Isle de la Trinité: & l'autre, qui estoit Françoise, par vn de ses principaux officiers, nommé Dom Frantique: celle-cy seruoit d'adresse à la latine, qui n'auoit point de superscription.

Ce Gouuerneur faisoit sçauoir au Pere Méland qu'il se reconnoissoit obligé à Dieu de luy auoir donné la connoissance de sa venuë dans la Prouince d'Oüarabiche: & le supplioit de se transporter à saint Thomas, où il rencontreroit des rafraichissemens capables de luy faire oublier les fatigues d'vn long, & penible voyage; & des peuples tres-nombreux à instruire, & à catechiser, qui ne desiroient rien tant que le Baptéme, & la connoissance de nos mysteres; satisfaction qu'il ne leur pouuoit donner, pour n'auoir aucun Ecclesiastique qui les pût assister en cette necessité. L'adiointe de l'officier disoit le méme en substance; & toutes deux l'asseuroient qu'il y auoit de plus grands biens à faire en ce lieu-là, que par tout ailleurs. Voycy la copie de ces deux lettres aux mêmes termes qu'elles furent écrittes. Commençons par la Françoise, au dessus de laquelle estoient ces mots:

La presente, soit donnée au Reuerend Pere. En Oüarabiche.

MON R. P.

La presente sera pour vous aduertir que les Sauuages nous ont appris qu'il y auoit en Oüarabiche vn Religieux lequel estoit là pour enseigner la foy Catholique : & le Seigneur Gouuerneur vous demande que si vous voulés venir en toute asseurance pour enseigner grande quantité de Sauuages qui ne demandent que de se rendre Catholiques: Nous n'auons point icy de Religieux, & se faisant vous obligerés le Seigneur Gouuerneur, & tout le reste des Espagnols. Autre chose ne vous sçaurois que mander; sinon que ie demeureray

Fait à Orinoc le 29. de Septembre 1652.   *Vostre Seruiteur* Dom FRANTIQVE.

Voicy la copie de la lettre latine, qui estoit sans inscription, la Françoise luy seruant d'adresse, comme nous auons dit.

RR. P.

Non sine diuini numinis singulari beneficio factum puto vt ad notitiam meam vestræ paternitatis ibi assistentia perueniret, quia cum ad exemplum Christi Domini, & Apostolorum, palam, & non in occulto, maxime apud infideles sermocinari debeant Euangelicæ doctrinæ prædicatores, quod ibi repugnare video. Vestram paternitatem huc voco, desiderans vt Pagani fauore vestræ præsentiæ, luce fidei illuminati ianuam Baptismi optatius & facilius ingrediantur: hic totum habebit vestra paternitas quod ad iter impellat, hic quod itineris longi labores subleuet, vbi tot gentes, & nationes, absque strepitu armorum, sed spiritus persuasione Euangelicam doctrinam accipient, propter cum Christianis communicationem, quæ illos ad fidem suscipiendam suauiter dispositos semper habet. Valeat vestra Paternitas.

Ex ciuitate S. Thomæ d'el SS. Sacramento de Guayana. 12. mensis Octobris anni 1652.

*Humilis Seruus vestra Paternitatis.
D. Martinus de Mendosa
y de la Itos.*

Bien que ces lettres semblassent fauoriser nostre dessein, non seulement en ce qu'elles nous appelloient dans vn nouueau poste; mais encore pource que l'établissement de cette mission asseuroit celle d'Oüarabiche, à laquelle les seuls Espagnols pouuoient apporter quelqu'empéchement: Nous prîmes neantmoins du temps pour deliberer de cette affaire, iugeans bien que si cette demande sembloit d'abord auantageuse à la conuersion des Sauuages; elle nous deuoit estre suspecte, venant de la part d'vn Espagnol ennemy des François. Enfin, aprés auoir agité cette affaire, nous arrêtames que le Pere prendroit ses seuretés; qu'il ne passeroit point à saint Thomas qu'il ne fut mieux informé de l'intention des Espagnols, & qu'en attendant il demeureroit auec les Galibis les plus voisins de la riuiere d'Orinoc.

Il partit donc d'Oüarabiche le seiziéme iour de Sept. de l'année 1653. Mais ce ne fut pas sans beaucoup d'opposition de la part de nos Galibis, qui pour nous détourner de ce dessein nous rapportoient les cruautés que les Espagnols auoient autrefois exercées sur les paures habitans du pays : & nous representoient que comme alliés des Galibis, & ennemis des Espagnols, nous auions suiet de craindre, qu'ils ne nous appellassent dans le lieu de leur domaine pour se défaire de nous.

Le Pere ayant appris qu'vne bande de Galibis se disposoient pour aller querir les ossemens de quelques vns de leurs guerriers qui auoient esté tüés prés de la riuiere d'Orinoc, s'addressa au chef de cette trouppe, pour obtenir de luy qu'il put y aller en sa compagnie : ce qu'il luy promit ; mais ayant changé d'auis il retira sa parole, alleguant pour excuse que *ses Boüitouli*, c'est à dire ses camarades, s'y estoient opposés, & qu'ils luy auoient representé qu'il seroit repris, & maltraitté de toute *leur nation, s'il arriuoit que les Espagnols, qui estoient méchans, le fissent mourir.* Le P. qui méprisoit tous ces dangers, ne laissa pas de partir pour Orinoc, où il arriua heureusement auec trois ieunes hommes François, nonobstant la difficulté des chemins, & le débordement des riuieres.

Vn bruit courut, quelque temps aprés son depart, qu'il estoit mort : Ie n'entendois autre chose des Sauuages, sinon que le Pere auoit esté attaché au Pilory, par les Espagnols, & qu'ils l'auoient fait pendre par leurs Esclaues Negres : quelques vns adioûtoient, qu'ils l'auoient veu attacher à vn arbre, où il estoit demeuré pendu trois iours; au bout desquels ils auoient enleué son corps. Tous ces discours ioints à la creance que les Galibis auoient, que les Espagnols, ennemis des François, l'appelloient à S. Thomas pour le mal-traitter, leur faisoient adiouter foy à cette mauuaise nouuelle; qui se répandit si auant dans le pays, que les Sauuages les plus proches d'Orinoc, aprés en auoir donné auis à tous les autres de la Prouince d'Oüarabiche, m'enuoyerent vn homme exprés pour me coniurer d'en auertir les François des Isles afin de venger conioinctement auec eux vn acte si cruel. Celuy qui pressa le plus cette affaire fut vn des principaux Capitaines des Galibis, lequel proposoit de diuiser les troupes Françoises en deux corps, pour en faire passer l'vn par l'embouchure d'Orinoc, & l'autre par la Prouince d'Oüarabiche.

Cette mort m'estant confirmée de tant d'endroits, ie me crus obligé d'en donner auis à nos Peres, afin qu'ils fissent pour luy les suffrages, & les prieres ordinaires de nostre Compagnie : Mais trois mois aprés que ie leur eus fait sçauoir cette nouuelle, ie reçus vne lettre du Pere Méland, dattée du vingt-quatriéme iour de Ianuier de l'année 1654. qui portoit que, *Nonobstant toutes les fatigues, les incommodités du chemin, & les accés d'vne fâcheuse fiévre il estoit arriué à Saint Thomas, où les Espagnols auoient pris d'abord quelqu'ombrage de luy à cause de trois ieunes hommes François qui estoient en sa compagnie, & de l'absence du Gouuerneur de la Place : ce qui l'auoit obligé de demeurer auec eux l'espace de six semaines entieres sans sortir de leur habitation, pour leur ôter tout suiet de soupçon ; aprés lesquelles*

il

il auoit pris la liberté de paroître au dehors, & de visiter les Sauuages du voisinage ausquels deuant que d'aller à Saint Thomas il auoit laissé en garde quelques petits presens qu'il leur vouloit distribuer. Il ne s'estoit pas souuenu cette fois qu'il ne faut rien monstrer aux Sauuages qu'on ne leur veüille donner : aussi n'en eut-il d'autre réponse, sinon que ne le voyans point, pendant vn si long-temps, ils auoit cru qu'on l'auoit fait mourir, & ainsi qu'ils s'estoient seruy de ce qu'il leur auoit laissé entre les mains.

Ce fut le fondement du faux bruit qui cour fut pour lors de sa mort, pource que les Sauuages voisins des Espagnols ayans donné leurs soupçons pour des nouuelles certaines aux Galibis, & ceux-cy à toutes les nations confederées de la Prouince, on tint sa mort pour indubitable dans tout le pays. Le Pere adioûtoit dans sa lettre, que les Espagnols qui auoient esté détrompés, & qui auoient reconnu la sincerité de ses intentions luy auoient donné tout pouuoir d'exercer en ce quartier les fonctions de nostre Compagnie, & d'y trauailler à l'instruction, & conuersion des Sauuages. De puis cette lettre nous n'auons appris aucune nouuelle de luy, & en attendons tous les iours.

CHAPITRE IV.

Des auantages, & des merueilles de ce pays.

Bien que cette partie du continent soit suiette à quelques vnes des incommodités qui sont aux Isles; elle a neantmoins de si grands auantages, qu'ils sont capables d'en faire oublier toutes les disgraces : la terre y porte le petun, les cannes de succre, l'Indigo, le coton, la casse, le gingembre, & generalement tout ce qui rend le seiour des Isles ou agreable, ou profitable ; & de plus beaucoup d'autres commodités dont elles sont dépourueuës.

Cette terre est arrousée de plusieurs grandes riuieres, qui l'embelissent, & qui la rendent feconde. Elle est ornée de belles campagnes que les Espagnols nomment *Sauanes*, pleines d'herbage pour le bestail : mais inutiles aux Sauuages qui ne nourriſſent point d'animaux domeſtiques. I'en ay veu d'vne ſi grande étenduë que ie n'en pouuois pas découurir le bout. Elles ſont bordées de bois de haute fûtaye de pluſieurs eſpeces inconnuës en Europe, & d'vne hauteur, & groſſeur prodigieuſe; qui ſont verds en toutes les ſaiſons de l'année, & qui portent des gommes aromatiques propres à diuers vſages: On rencontre ces forêts le long des ruiſſeaux, & des riuieres: les bords de la mer en ſont auſſi tous couuerts, mais c'eſt choſe rare de trouuer des arbres dans les Sauanes dont ie viens de parler.

On ſe ſert en ce pays pour le chaufage de bois de diuerſes couleurs, rouge, blanc, verd, colombin, marbré, & mémẽ de celuy qu'on appelle bois de Lettres ſi fort eſtimé dans l'Europe, qui ſeroient tous excellents pour de beaux ouurages. La Feugere qui n'eſt en France qu'vne petite plante, y croît en arbre de la groſſeur de la cuiſſe, & de 18. & vingt pieds de hauteur: ſon bois eſt varié d'vn rouge noir, & d'vne couleur blanchatre. Les Roſeaux y deuiennent de grands arbres. Les citroniers,

C ij

les orangers, & les limoniers y font dans leur climat. On y trouue quantité de Palmiftes de plufieurs efpeces; Nos Sauuages fe feruent du fruit qu'ils portent pour en tirer l'huile de *Caraba* dont ils oignent leurs corps, & leurs cheueux : On dit que cette huile a plufieurs belles proprietés : ie m'en feruois pour brûler, & la trouuois incomparable pour cet vfage, n'ayant aucune mauuaife odeur, & la flame en eftant auffi belle que de la cire blanche. Il y a vne autre forte d'huile fouueraine pour les bleffures, qui eft fort commune, & qui coule d'vn arbre quand on a fait incifion dans fon écorce : c'eft vn baume que les François appellent *Caupaü*, & les Sauuages *Colocaï* : I'en ay veu des effets merueilleux.

Le Séné croift dans les campagnes de ce pays, fans y eftre femé, ny cultiué : Les Abeilles font fort communes dans les bois, le creux des arbres leur fert de ruche : elles font beaucoup plus petites que celles d'Europe, & de couleur noire, auffi bien que leur miel, & leur cire : & ce qui eft plus admirable, elles n'ont point d'aiguillon. Il y a des mines de toutes forte de metaux, & même d'or, & d'argent, selon l'opinion commune: on pêche des perles en quelques vnes de ses costes.

La multiplicité des oiseaux qui sont en ce continent est tout a fait admirable : il y en a peu de ceux de nostre Europe : I'y ay veu pourtant des griues, des cailles, des ortolans, des Ramiers, des perdris, des fesans, & des tourterelles: mais le nombre des especes particulieres à ce climat est presqu'infiny : Ie ne feray mention que de quelques vnes. I'ay veu des Aigles d'vn plumage gris-blanc vn peu different des nostres. Il s'y trouue vne espece d'oiseau plus grand qu'aucun de ceux qu'on voit en Europe, il a les plumes grises, les iambes, & le col fort long, & quasi semblable à l'Autruche: Vn de nos François qui en auoit blessé vn d'vn coup de fusil & qui luy auoit rompu l'aîle, fut obligé de mettre la main à l'espée, pour se deffendre de cet oiseau qui venoit à grand pas pour luy arracher les yeux de la teste : il l'en frapa si adroitement qu'il luy coupa le col; mais, comme il se voulut mettre en deuoir de l'emporter, il trouua qu'il pesoit autant qu'vn gros mouton. Les Occo font des oifeaux noirs qui ont vne hupe fur la tefte, & font plus grands que les chapons. Les canars ont vne fois autant de corps que ceux de France.

Ie puis mettre au nombre des chofes qui font les plus agreables à la veuë, cette belle varieté de plumage de tát d'efpeces d'oifeaux qui font perchés fur les arbres, & qui font comme vn beau tableau diuerfifié de toute forte de couleurs : le fons eft d'vn beau verd qui ne confifte pas feulemét aux feüilles des arbres, qui, comme i'ay dit, font toûjours verdoians en ce climat; mais auffi aux plumes des perroquets, & des Pericles, qui ont le plumage verd, & font auffi communs en ce pays que les moineaux en France: fur ce fons la nature forme vn fecond Arc-enciel fur terre, qui n'a pas peu de rapport auec le Celefte ; on y voit vn mélange des éclatantes couleurs que fait le plumage des oifeaux, du rouge, du nacarat, de l'incarnat, du bleu celefte, de l'orangé, du iaune, du violet, du blanc, du noir, du feüille-morte, & d'autres couleurs toutes fort agreables à la veuë, tant il eft vray que la nature fe iolie dans ces beaux ouurages, & que Dieu se plaist à se faire admirer dans ses Creatures.

Les Spatules, dont i'ay parlé cy-dessus, ne s'auancent guere dans les terres, & ne bougent de l'embouchure des riuieres; mais les Flamans entrent plus auant dans les bois, & dans les campagnes, ce sont des oiseaux aussi grands que des coqs-d'inde, & d'vn beau plumage, rouge ordinairement, & quelque fois varié de plumes noires, blanches, & rouges : les ieunes sont toûjours blancs, aussi bien que les Spatules ; mais leurs plumes rougissent à mesure qu'ils croissent, & deuiennent grands : ils ont le col long de trois pieds, & les iambes d'vn pied & demy : leur bec est grand, fait en forme de cueilliere, moitié noir, & moitié rouge. Les Arras ont autant de chair que les pigeons de France, sont d'vn plumage bleu, & nacarat, & ont le bec crochu : Les Ganiuets leur sont quasi semblables en grandeur du corps; mais de couleur differente : leurs plumes sont beaucoup plus éclatantes, & variées d'orangé, de rouge, & de bleu. Il y a vne espece de Pies beaucoup plus grandes que les noſtres, qui ont vn long bec crochu, de couleur d'incarnat, & de iaune, ou feuille-morte: elles ont le plumage noir, la queuë longue, des plumes rouges aux extremités des ailes; & ſur le deuant vne bauete blanche: cet oiſeau ne marche iamais qu'en ſautant côme les Pies, & eſt appellé des Sauuages *Coaké*.

Ie ne parle point des poules qu'ils nourriſſent auſſi bien que nous, & dont ils mangent les œufs, méme quand ils ſont couués, ny d'vn million d'autres eſpeces d'oiſeaux que i'ay veus, ou dont i'ay oüy parler. I'ajoûteray ſeulement que tous les oiſeaux de ce pays ſont bons à manger, & méme ceux de proye, comme les Autours, & les Tiercelets. Ie paſſe aux reptiles, & aux poiſſons, pour parler en ſuite des animaux de terre.

On trouue en ces contrées quantité de reptiles excellens à manger: outre les tortuës de mer dont ie parleray plus bas, on en rencontre dans les riuieres, & dans les Sauanes, ou prairies; comme pareillement dans les bois; qui ſont toutes de differente eſpece, deux fois plus grandes que celles de France, & d'vn manger fort delicieux. Ce pays produit quatre ou cinq fortes de Lezars, qui font d'vn tres bon gouft, & qui n'ont rien d'horrible, ny de defagreable que le nom, & la figure. Il s'y rencontre des Grenoüilles d'vne fi prodigieufe grandeur qu'vne feule eft capable de remplir vn plat tout entier : on y eft quelque fois agreablement trompé, en prenant la chair pour celle d'vn poulet. On void de quatre ou cinq fortes de Tatous qui font d'vn excellent manger : c'eft vn reptile qui marche à quatre pieds, auffi bien que la tortuë, auec laquelle il a beaucoup de reffemblance, de la méme grandeur que celles dont ie viens de parler, & portant fa maifon comme elles ; mais on diroit à le voir, qu'il eft armé de fer, parce que fon écaille eft compofée de bandes, qui entrent les vnes dans les autres, & qui font femblables à celles de nos braffars, & cuiffars de fer.

I'auoüe que tous les reptiles de ce pays ne font pas fi agreables, ny fi vtiles aux habitans que ceux dont ie viens de parler. Il s'en trouue qui font ennemis de l'homme, comme des ferpens de plufieurs efpeces. Ceux qu'on appelle Serpens à fonnete, qui fe iettent fur les hommes lors qu'ils y penfent le moins, font fort à craindre ; mais la nature toûjours fage, leur à donné vne bource auec vne petite pierre dedans qui fait du bruit, comme vne clochete de plomb, lors qu'ils fe remüent, & qu'ils fe difpofent à s'élancer fur les hommes, pour les auertir du danger : & c'eft pour ce fuiet qu'on les nomme Serpens à fonnete. On en void d'autres fur les riuieres, qui font auffi gros, & auffi longs que les plus grandes poutres des maifons ; mais plus ils font pefans, moins font-ils à craindre, pource qu'on a le moyen de les éuiter, & de s'en garentir. Les Scorpions de ce climat, ne font point veneneux : ils ne laiffent pas neantmoins de picquer, & de faire enfler la chair de la groffeur d'vne noifete ; mais dans 24. heures de temps, on eft guery fans appliquer aucun remede, c'eft ce que i'ay remarqué des reptiles de ce pays qui peuuent eftre nuifibles à l'homme. On y eft encore importuné de quantité de fourmis, comme auffi des Mouftiques, & des Maringoïns (ce font de petits moucherons qui donnent bien de l'excercice) & méme d'vne efpece de cirons qu'on appelle Chiques, qui s'éleuent de la poussiere, s'insinuent entre cuir, & chair; & y font vlcere, si on n'est soigneux de les en tirer promptement. En échange de ces incommodités, on ne void en ce climat ny puces, ny punaises, ny autre vermine semblable, dont la persecution est si facheuse en Europe.

 L'abondance du poisson est tres grande non seulement en ces mers, & dans les grandes riuieres, mais méme dans les plus petites. Quand nos Sauuages reuiennent de la chasse, les mains vuides, ils vont à la péche; & en moins de demi-heure on les voit reuenir tous chargés de poisson. Ils prenent les petits Crocodiles auec l'arc, & la fléche : car cette sorte d'animal, qui a coûtume d'éleuer sa teste hors de l'eau, comme pour ioüir de la beauté de la lumiere, donne belle prise à nos Archers pour les tüer à coups de fléche ; ce qu'ils font ordinairement du premier ou second coup. Outre les poissons d'eau douce de toute sorte d'especes qui se péchent dans les riuieres, la Mer en fournit vne tres-grande quantité qu'on prend le long de ces costes, & à l'embouchure des riuieres.

Ie ne parleray en ce lieu que de deux, qui sont les plus considerables, & qui sont particuliers à ce pays.

Les Tortuës sont de méme forme que celles qu'on voit en Europe; mais beaucoup plus grandes : elles ont ordinairement trois pieds de long, & deux & demy de large. On les prend souuent quand elles vont faire leurs œufs à terre; car comme c'est vn animal lourd & pesant, on n'a qu'à le renuerser sur le dos pour l'empécher de gagner la mer. Les femelles sont si fecondes que se sentans prés de leur terme elles déchargent vne grande quantité d'œufs, dans vne fosse qu'elles font exprés sur le bord de la mer; aprés les auoir côuuers de sable, elles se retirent dans leur élement, & les laissent éclore par la force du Soleil : on les voit au bout de quelque temps sortir du sable comme de petites grenoüilles, & se ietter en la mer.

Les œufs de Tortuë sont fort bons à manger, ils sont tous ronds, & gros comme ceux des poules ordinaires, ils n'ont point de coquille ; mais seulement vne petite péllicule blanche, qui conserue la glaire, & le moyeu : vne seule Tortuë produit quelque fois iusques à douze ou quinze cents œufs. Elle peut nourrir, cinquante ou soixante personnes pendant vn iour. C'est vne manne non moins abondante que delicieuse en ce pays, particulierement quand on la mange toute fraiche : Il est vray que quand elle a esté gardée quelque temps dans le sel, elle deuient fort insipide, & d'assés mauuais goust ; mais elle peut seruir pour la nouriure des Esclaues.

Le Caret est vne espece de Tortuë dont on fait moins de cas pour le manger que de la Tortuë franche ; mais qui est beaucoup plus estimée pour les écailles qu'on en tire, qui sont si fort recherchées en France, & dont on fait de si beaux ouurages. Cette marchandise est preferable aux autres, principalement en ce qu'elle n'est point suiette à se gâter, & que le transport en est facile.

Le Lamentin est vn grand, & puissant poisson, de quinze ou vingt pieds de longueur, qui a le musle de Bœuf : on le prend comme la Balene : la chair en est aussi agreable que celle du Veau, quand elle est mangée fraîche ; mais lors qu'elle est salée elle perd beaucoup de sa saueur.

Cet animal a quelques os dans la teste, qu'on dit estre souuerains pour dissoudre la pierre, & faire ietter le sable. Nos marchands viennent tous les ans, faire la pêche de ce poisson, à la coste de ce continent ; & particulierement vers la riuiere des Amazones.

CHAPITRE V.

Continuation de la méme matiere.

IL me faudroit dresser vn amphitheatre beaucoup plus grand que ceux des anciens Romains, pour y faire voir cette innombrable multitude d'especes d'animaux qui ne parurent iamais dans nostre Europe: nous y verrions grande quantité de Maïpouli, que quelques vns estiment estre des Vaches sauuages, parce qu'elles sont fort semblables à celles que nous auons dans la Zone temperée : elles ont la peau de méme, le corps aussi gros, le pied fourchu ; mais plus petit, & la queuë & les oreilles du tout semblables : cet animal n'a point de cornes, & a la teste faite comme vn Asne : la chair en est quasi rouge; mais elle ne laisse pas d'estre d'aussi bon goust que celle du Bœuf.

Il y a trois ou quatre sortes de Sangliers vn peu plus petits que les nostres; mais d'vn manger aussi delicat, ils marchent en troupe, & sont fort communs en ce pays. On y rencontre pareillement plusieurs especes de lapins, de conils, & de lieures : L'Oulana est l'incomparable, dont la chair est meilleure, & plus agreable qu'aucune autre de l'Europe : c'est vne espece de lieure qui est beaucoup plus grand que les nostres, bien qu'il aye les iambes plus petites ; il n'a gueres moins de corps qu'vn Agneau d'vn an.

Ce pays nourrit aussi quatre sortes de Tigres, dont les trois ont la peau marquetée; mais la quatriéme a le poil rougeatre, est semblable a vn Veau de six mois, & à la chair delicate, & fort bonne à manger. On ne voit autre chose sur les arbres que des Ecureüil, des Singes, & des Guenons de toute sorte d'especes, que les Sauuages mangent, & qu'ils trouuent bons à leur goust. Ie laisse quantité d'autres animaux qui sont propres à ce climat.

Il se trouue en ce pays des cheuaux, des brebis, des chevres, des asnes, des Bœufs, & des pourceaux qui ont esté portés par les Espagnols. Les cheuaux, & les vaches se sont si fort multipliées en quelques endroits de l'Amerique qu'on ne les tuë que pour en auoir le cuir. Les Sauuages nourrissent quelques chiens domestiques, semblables aux nostres ; mais ils sont communément plus petits. Il y a dans les forets deux especes de Cerfs, les vns sont grands comme les nostres, & leur sont semblables en toutes choses, excepté que leur bois n'a point de branches : & les autres sont beaucoup plus petits : Iettons encore vn coup d'œil sur la terre, sur la mer, & sur le Ciel, pour y remarquer quelques autres merueilles, & en loüer, & benir leur Auteur.

Les oiseaux, & les animaux sont plus feconds ce pays qu'en Europe, ils mettent au iour leurs petits beaucoup plûtost : ce qui vient de la chaleur extraordinaire du climat qui fait auancer les productions des animaux aussi bien que tous les fruits de la terre.

C'est auec raison qu'Aristote a dit qu'vne

qu'vne souueraine intelligence auoit mis la main à l'ouurage de la nature. Les oiseaux de ce pays ne seroient pas en asseurance dans leurs nids, & ne pourroient éleuer leurs petits auprés des singes, & des guenons qui sont dans nos forets, s'ils ne se seruoient de précaution, & de l'instinct que la nature leur donne : comme ils se voient banis des bois par ces voleurs, ils nichent sur les riuieres, & suspendent leurs nids auec vn filet de la longueur d'vn pied, à l'extremité des branches qui panchent sur le courant de l'eau : afin que ces beaux danseurs qui sautent si bien de branche en branche n'y puissent pas toucher sans faire vn saut perilleux. J'ay veu des milliers de nids suspendus de cette sorte sur la riuiere d'Oüarabiche : ces oiseaux ayment mieux tomber entre les mains des Sauuages qui vont, & viennent dans leurs Pirogues, qu'entre les grifes de ces cruels ennemis, Dieu est merueilleux en toutes ses œuures.

Les poissons volans qu'on voit en ces mers sont de la forme, & de la grandeur des harans ; l'Auteur de la nature voyant qu'ils ne se pourroient pas deffendre des

D

attaqués des autres poiſſons, les a pour-
ueus d'ailes pour en éuiter la perſecu-
tion : leur vol eſt ordinairement de huit,
ou dix pas ; mais i'en ay veu ſouuent vo-
ler ſi loing que ie les perdois de veuë :
leurs ailes ne ſont pas de plume comme
celles des oiſeaux ; mais de la même matiere que l'extremité de la queuë des
poiſſons.

Les merueilles qui concernent le Ciel,
ſont d'autant plus admirables, qu'elles ne
ſont pas communes aux autres climats:
Ie ne parleray point des conſtellations
differentes de celles de l'Europe ; la plus
remarquable deſquelles eſt la croix du
Sud qui tourne autour du Pole antarti-
que, & qui paroiſt fort éleuée à Saint
Chriſtophle ; mais beaucoup dauantage
en terre ferme, à cauſe de la proximité
de la ligne. Ie me contenteray de deux
petites remarques, dont l'vne eſt que les
iours & les nuits ſont preſque toûjours
égaux ; & le ſont entierement, ſans aucune difference, hiuer & eſté, ſous la
ligne.

L'autre eſt que les crepuſcules y ſont
beaucoup moindres qu'en Europe, &
qu'aux plus grands iours ils ne durent pas

plus de demy-heure. Ce qui donnera peut-estre de la peine à nos Astrologues, qui tiennent pour maxime asseurée que l'Aurore commence le matin, & le crepuscule finit le soir, quand le Soleil est au seiziéme, dix-huitiéme, ou vingtiéme degré au dessous de l'horizon ; car ils ne sçauroient trouuer leur compte en ce climat, ou il faut qu'ils auoüent que le crepuscule commence, & finit, quand le Soleil est au sept ou huitiéme degré de l'horizon, puis qu'il ne fait que quinze degrés dans vne heure : d'où, par suite necessaire, ils doiuent inferer qu'il n'y a point de regle vniuerselle en cette matiere, & que d'autant plus que le Soleil tombe à plomb, & plus directement, moins grand aussi est le crepuscule : comme il arriue en nostre terre ferme de l'Amerique, où la sphere est quasi renuersée, & où le Soleil biaise moins au tour de l'horizon qu'il ne fait en Europe.

Il faut adioûter que l'air y est plus pur, & plus net, à cause que le Soleil par ses violentes chaleurs y dissipe bien dauantage les vapeurs, & les exhalaisons ; d'où il arriue qu'il est moins propre à reflechir la lumiere, & consequemment le crepuscule qui se forme par cette reflexion doit estre plus petit ; l'air n'estant espaissi que des exhalaisons, & des vapeurs qui s'éleuent continuellement de la terre, & de l'eau, lesquelles le Soleil n'a pas encore pû dissiper. Mais ie m'apperçois que ie fais icy l'Astrologue, poursuiuons nostre dessein.

CHAPITRE VI.

Du grand nombre des Sauuages de ces contrées, & de leur police.

LEs Auteurs qui ont écrit de ces contrées, & qui ne parlent que des nations voisines de la mer, en nomment vne si grande quantité que c'est chose étonnante : ils disent qu'il y a des Yaïos, des Maraons, des Sapaï, des Nourakes, des Piragoti, des Mayi, des Aricouri, & vne infinité d'autres peuples, dont le denombrement ne pourroit estre qu'ennuyeux. Le Pere Méland nous a dit diuerses fois que dans les courses qu'il auoit faites auec les Galibis, il auoit veu plus de soixante nations differentes : sur la seule riuiere d'Oüarabiche, en cinquante lieuës de pays i'en ay remarqué 6. à sçauoir les Paria à l'entrée, & prés de son embouchure : les Arôtes vingt ou vingt-cinq lieuës au dessus : les Saïmagotes à la droite, & les Aroüagues à la gauche : les Galibis plus auant que ceux-cy : & les Coré prés de sa source. On peut iuger du reste de ce que ie viens de dire.

Les Sauuages de ces contrées sont extremement feconds, à cause de la chaleur du climat, & de la bonté du pays, ce qu'on peut iuger par le grand nombre de personnes qui habitent dans la Prouince d'Oüarabiche, où i'ay demeuré cinq ou six mois : pendant lequel temps ie n'ay pas remarqué deux fois le méme visage, parmy les estrangers qui me venoient visiter, nonobstant qu'il ne se passât point de sepmaine que ie ne visse deux ou trois bandes de Sauuages de quinze ou vingt personnes, & souuent de trente ou quarante, qui venoient de loin au carbet où i'estois, & d'où ie ne pouuois sortir à cause de mon indisposition. Ie ne crois pas beaucoup m'éloigner de la verité, si i'asseure que ce pays est, peu s'en faut, aussi peuplé que les campagnes de France, & que la Guiane, que ie n'ay pas veuë, probablement ne l'est pas moins, pource que la terre y est la méme, & que les mémes auantages s'y rencontrent pour l'entretien de la vie.

Ie viens au témoignage d'autruy, & m'arréte à celuy de l'Illustrissime Euesque de Chiapa, Barthelemy de las Casas, Espagnol de nation, & Religieux de l'ordre de saint Dominique, qui en parle comme témoin oculaire: il asseure dans le liure qu'il a fait des tyrannies, & des cruautés que les Espagnols ont exercées dans l'Amerique, que les terres du continent qui sont les plus proches de l'Isle qu'on nomme Hispaniola (dans laquelle il dit auoir veu plus de trois millions de Sauuages) *sont remplies de personnes, comme les fourmilieres de fourmis*, & que *Dieu a mis en ce pays le goufre, ou la plus grande quantité de tout le genre humain*, & *qu'il crea ces gens infinis*. Ie n'adjoûte rien à ses parolles, ie les rapporte fidelement comme elles sont couchées dans son traducteur. Il me semble que c'est exprimer vne multitude qu'on ne sçauroit nombrer, & que ce seroit perdre inutilement le temps de m'arréter dauantage à prouuer que ces contrées sont fort peuplées. Ie passeray donc outre dans mon dessein, & traitteray dans la suite de ce chapitre de leur police.

A vray dire les Sauuages n'ont point de police, chacun fait ce que bon luy semble, ils n'ont ny loix, ny Magistrats, & ne reconnoissent que leurs Capitaines, qu'ils respectent, & ausquels ils obeïssent, mais par inclination plûtost que par deuoir: ils n'ont aucune superiorité, ny dependance les vns des autres, ils ne recompensent point les belles actions, & ne punissent pas les mauuaises. Voicy la forme qu'ils tiennent pour la condamnation des criminels. Comme ils ne reconnoissent point d'autre crime que l'homicide, aussi est il le seul qu'ils punissent: ce qu'ils font de cette sorte. Les Capitaines s'assemblent pour faire le procés au criminel, & dans cette Tournelle il est condamné à receuoir vn coup de Boutou, c'est à dire vn coup de massuë sur la teste; mais leur coûtume est de differer trois ou quatre mois l'execution de la Sentence, pendant lequel temps le coupable peut se retirer; les prisons,

& les fers n'estans pas en vsage parmy ces peuples. De sorte que c'est plûtost vn banissement, qu'vn Arrest de mort : cette punition neantmoins ne laisse pas d'étre considerable, puisque les criminels sont obligés de quitter leur pays, d'abandonner leurs parens, & de transporter ailleurs leur famille. I'auouë que cette lâcheté à venger les crimes est en eux aucunement reprehensible, à cause de la licence de tout faire qui est fomentée par ce moyen.

Les enfans n'obeïssent à leurs parens qu'autant qu'il leur plaist ; car ils n'exercent aucun châtiment sur eux, & ne les menacent pas méme de parolle : ils les font obeïr par douceur & par amour, plûtost que par crainte. Leur obeïssance, & leur respect enuers eux est neantmoins si grand, que ie ne crois pas qu'il y en ait de plus obeïssans, ny de plus respectueux dans le monde.

Il n'y a point de vilage, ou de Carbet qui n'ait son Capitaine : qu'ils éleuent à cette dignité de la sorte. Aprés auoir fait chois d'vn homme qui se soit signalé en guerre contre les ennemis, ou qui ait mis à mort quelque beste feroce, ils le font de l'Amerique.

ieûner à la Caſſaue, & à l'eau, pendant vn mois, l'obligent d'aualer pluſieurs fois du ius de Petun à pleines éculées, & le foüetent rudement auec de grands foüets, qu'ils nomment *Macoali*: que s'il endure toutes ces choſes auec courage, & ſans témoigner de douleur, il paſſe pour Capitaine. Ils ont cette creance, & cette ſuperſtition, que s'ils n'vſoient de cette ceremonie, ils ne ſeroient pas heureux à la guerre. Ils font encore le méme traittement à pluſieurs autres perſonnes pour les faire reüſſir en leur eſtat & condition. I'ay peine à croire que tous les Capitaines des Carbets particuliers s'aſſuietiſſent à cette ceremonie; peut-eſtre n'eſt elle ordonnée que pour ceux qui ont charge de conduire les autres à la guerre: on en pourra découurir la verité auec le temps.

La façon de faire la guerre eſt la méme parmy tous les Sauuages de l'Amerique: ils ne donnent iamais de bataille; mais ils dreſſent des embuches à leurs ennemis, & font ſouuent des courſes ſur leurs terres pour les ſurprendre. Ils aſſomment ce qu'ils trouuent d'hommes, & d'enfans, & enleuent les filles, & les femmes pour en faire des esclaues ; qui, à vray dire, n'en ont que le nom, puis qu'ils les traittent comme si elles estoient de leur propre nation, & que souuent méme ils les épousent. S'ils vont au combat côme des Renars se seruans de finesse ; ils font leur retraitte comme des Lievres, craignans qu'on ne leur coupe chemin.

Ils ont pour maxime de ne laisser iamais les corps de ceux qui ont esté tués entre les mains de leurs ennemis : & s'exposent à toute sorte de dangers pour les retirer, perdans souuent beaucoup plus de monde en cette occasion, qu'ils ne font dans le combat.

Leurs armes pour fraper de loin sont l'arc, & la fléche : le Boutou leur sert quand ils viennent aux mains, ils n'ont point encore l'vsage des armes à feu dans la terre ferme, & en ont grande apprehension : dont ie ne veux point d'autre preuue que ce qui arriua quelque temps deuant mon depart d'Oürabiche. Le garçon François, qui estoit auec moy en ce pays, ayant tiré vn coup de mousquet dans la teste d'vn Taureau, quelques Sauuages qui estoient presens, & qui se tenoient à l'écart, furent si fort étonnés de voir cette beste renuersée, les quatre pieds en l'air, qu'ils firent vn grand cry de ioye, se disans les vns aux autres; Que ne feroit ce garçon contre nos ennemis, puisque d'vn seul coup il a mis par terre vn si grand animal?

Les Sauuages de ce pays ne sont pas cruels, non pas mêmes enuers leurs plus grands ennemis, qu'ils ne tourmentent pas, & qu'ils ne font point languir comme les Canadois: leur coûtume est de les assömer d'vn coup de Boutou. Quelques vns ont voulu dire qu'ils les mangeoient, comme font plusieurs autres nations de l'Amerique; mais ie n'ay pas remarqué cette pratique en nos Sauuages: seulement est-il vray qu'ils coupent quelque fois vne main, ou vn pied du corps mort de leur ennemy, qu'ils font rostir à petit feu, iusqu'à ce qu'il n'y ait plus de substance, pour les conseruer sans putrefaction. Ce qu'ils font plûtost par parade, & pour faire monstre de leur valeur, que par gourmandise, ou par cruauté. Ils produisent ces tristes reliques dans leurs assemblées, & en presentent vne petite miete sur la pointe d'vn couteau aux plus considerables; dont la pluspart refusent de manger.

Vn Arôte me voyant vn iour fort careſſé dans vn village voiſin du nôtre, où ie m'étois tranſporté pour diſpoſer au Bapeſme vn Capitaine Galibi qui auoit eſté mordu d'vn Serpent, & me voulant faire, comme tous les autres, quelque petit preſent, m'apporta pour regale, dans vn panier, vn pied, & vne main d'Aroüague, & m'inuita d'en manger, de quoy luy ayant témoigné de l'horreur, & declaré que Dieu eſtoit fâché contre ceux qui mangeoient leurs ennemis, il ferma ſon panier, & ne m'en parla pas dauantage. Traittons maintenant de leurs mariages.

Quád la recherche a eſté faite, & qu'elle a eſté agreé par les parens, ils font vn feſtin à leur mode, auquel ils inuitent tous les Sauuages du voiſinage: où aprés qu'on a bien beu, le mary ſe met ſur le lict de nopces, & la ieuneſſe y conduit peu de temps aprés la femme, & deſlors ils ſont cenſés mariés. Ces mariages pourtant ne ſont pas indiſſolubles; vn mary peut repudier ſa femme, ſuiuant la coûtume du pays: ce qui ſe fait neantmoins rarement. La ſeparation des biens n'y eſt point en vſage, pource que toutes choſes eſtans quaſi communes parmy ces peuples, elle n'y peut auoir de lieu.

Bien que la pluralité des femmes soit permise à nos Sauuages, la pluspart neantmoins se contentent d'vne seule: dont la cause, à mon aduis, est la crainte qu'ils ont d'estre obligés à trauailler pour les nourrir; & non l'amour de la vertu qu'ils ne connoissent pas. Ils doiuent de plus seruir leurs beau-peres, comme s'ils estoient leurs esclaues : ce que ie vis à Oüarabiche, où ayant fait marché auec vn Sauuage, pour quelques reparations de ma case, il fit faire la besoigne à son fils, & à son gendre, & retint le salaire dont i'auois conuenu auec luy. I'appris depuis que la coûtume estoit telle parmy ces peuples. De sorte que s'ils ont quelque satisfaction à auoir plusieurs femmes, ils l'achetent si cherement, qu'il y en a fort peu qui la recherchent ; & ie ne doute pas qu'il ne nous soit facile de leur faire renoncer à ce droit pretendu.

Nonobstant cette pluralité de femmes, il n'est pas croyable combien grande est la paix de leur famille : bien loing d'auoir des jalousies, & des disputes les vnes contre les autres, elles s'entr'aiment comme sœurs, se respectent, & s'étudient à viure d'intelligence : ce que l'vne veut, l'autre le veut aussi, auec vne deference qui n'a rien de sauuage. Ie ne doute point que la consideration de leur mary commun ne soit le ciment de leur amitié, qui leur fait aimer les enfans des autres femmes, autant que les leurs propres.

Les Femmes ont vn si grand respect pour leurs maris, qu'elles les seruent & leur obeïssent, comme si elles estoient leurs esclaues : elles leur preparent & leur portent leur manger dans la place publique, où ils ont accoûtumé de prendre leur repas, se tenans ordinairement debout pour les seruir ; & quand ils ont presqu'acheué de manger elles prennent vn morceau de ce qui reste. Le soir estant venu elles portent le *Amact*, où le lict de leur mary dans le bois, & le matin le rapportent dans le Carbet : comme la coûtume de ces peuples est de porter leur lict par tout où ils vont, leurs femmes ont accoûtumé de leur rendre ce seruice, quand ils ne s'éloignent pas du lieu de leur demeure : ce que ie leur voyois pratiquer dans les visites qu'ils me rendoient, leurs femmes marchantes deuant, & venant attacher leur Amact en ma case; d'où elles se retiroient incontinent: la visite estant finie, la femme reuenoit promptement reprendre le lict, pour le porter aprés son mary.

Ce que i'admire le plus, est, que les femmes pratiquent ces choses auec vne grande douceur, & sans en témoigner de mécontentement. Les maris aussi de leur costé n'abusent pas du pouuoir qu'ils ont; mais ils respectent leurs femmes, & les aiment tendrement.

CHAPITRE VII.

De leurs coûtumes, & façons de faire.

IE ne fais pas état de raconter en ce lieu toutes les coûtumes des Sauuages qui habitent ces contrées; mais de parler seulement de celles dont i'ay eu quelque connoissance. Commençons par leurs funerailles.

Ils pleurent deux ou trois iours durant les defunts; & leur rendent les derniers deuoirs auec beaucoup de ceremonie: quand quelque femme, ou quelqu'enfant, ou vne personne du commun est decedée, ils mettent le corps assis sur vn petit siege fort bas dans vne fosse profonde, & étroite qu'ils font dans la case où elle est morte, & l'ayant couuerte de quelques branches, & feüilles d'arbre, ils iettent dessus quelque peu de terre, & font pendant quelques mois du feu tout au tour, pour en empécher la mauuaise odeur, & purifier l'air corrompu. Ils vsent d'vne autre sorte de ceremonie à l'endroit de leurs Capitaines, & de leurs guerriers: faisans brusler leurs corps, & en beuuans les cendres parmy leur ouïcou, ils gardent les corps des deffuncts deux & trois iours, qu'ils passent en des pleurs continuels.

Qui diroit que les danses qui sont à toutes les autres nations des témoignages de ioye, & d'allegresse, sont à ces peuples bien souuent des signes de dueil, & de tristesse? I'ay veu aux funerailles d'vne femme de la nation des Galibis qui mourut au Carbet où ie demeurois, que tandis que les vns pleuroient dans la case auprés du corps mort, les autres chantoient

toient dehors d'vne voix fort lugubre, interrompant leurs paroles de pleurs, & de sanglots; & dansoient fort modestement, en s'appuyans sur des bastons.

Comme les danses ne sont pas toûjours des marques de la reioüyssance de ces peuples, les larmes ne sont pas aussi des signes infaillibles de leur tristesse; leur coûtume estant de pleurer aux occasions de ioye extraordinaire. Ie fus surpris vne nuit d'entendre des pleurs, & des hurlemens, & i'eus crainte qu'vne femme qui estoit malade dans nostre Carbet, ne fut decedée; ce qui m'ayant obligé de me leuer, & dem'en informer, on me dit le suiet de ces larmes, qui estoit la venuë de quelques estrangers arriués le soir precedent, dont nos Galibis se reioüyssoient, en renouuelant les pleurs qu'ils auoient commencés dés le soir.

Les Sauuages font des Bals aussi bien que les Europeans : Ils ont pour sale la place publique de leur Carbet ; les flambeaux sont la Lune, & les estoiles, & les violons des calebasses, remplies de petits cailloux, qu'ils portent, & qu'ils secoüent d'vne main, frapans en méme temps la terre du pied droit : leurs airs ont toûjours deux parties ; ils danfent, & chantent fort moderément, & tout debout en la premiere ; mais en la feconde, ils le font auec plus de violence, & d'vn ton fort éleué, fe tenans courbés à demy corps, la main gauche appuyée fur l'épaule de leurs voifins. A la fin de chaque chanfon ils fe redreffent, & crient tous enfemble, fans chanter, *Irié...Irié...Irié*.

Ie les ay veus fouuent danfer, & ay remarqué leur modeftie en 2. poinêts : le premier, que les Caraïbes, qui font toûjours nuds ; fe couuroient d'vn petit tablier fur le deuant quand ils danfoient auec les Galibis : & le fecond que ie n'ay iamais veu danfer les femmes, ny les filles; mais les ieunes hommes feulement.

Le maiftre de la ceremonie, & celuy qui donne le ton aux autres, a vn chapeau de paille fur la tefte en forme de Tiare, auec vne triple couronne ; auquel ils attachent de belles plumes d'oifeaux du pays à petits bouquets fufpendus auec des filets de coton, qui vont & viennent quand ils danfent. Cet ornement à fort bonne grace, & s'appelle en langage Galibi, *Apomaliri*, d'vn mot qu'ils forment d'*Apollire*, qui fignifie plume, & de

Toümaliri, qui est vn bonnet, ou bien vne calote.

Les autres parures, & les autres ornemens que portent nos Sauuages, consistent en des carcans, des brasselets, & des iarretieres qu'ils font de Rassade, c'est à dire de quantité de petits grains de verre enfilés, qui ont quelque lustre semblable à l'email. Les femmes mettent leurs brasselets au poignet, & les hommes au dessus du coude : elles portent dés l'âge de trois ans des brodequins de fil de coton, de couleur rouge, qui leur pressent les iambes de telle sorte qu'ils les empéchent de grossir : ces brodequins montent depuis la cheuille du pied iusques au iarret, & sont terminés en bas par vn petit rebord large de deux doigts. Les ieunes hommes ont pour écharpe des baudriers de dents de diuers animaux, dont ils font plusieurs tours : à les voir on diroit que ce sont des arracheurs de dents. Les hommes, & les femmes ont coûtume de porter des pendans, non seulement aux oreilles ; mais méme à la levre basse, & à l'entre deux des narines : ces pendans sont faits d'vn certain metal qui ressemble au cuiure doré, & qui

E ij

ne se ternit jamais. Les hommes portent de plus, des plaques de ce méme metail, larges comme la paume de la main, qu'ils appellent *Carácoli*, & qui batent sur leur poictrine. Il me sembloit quelque fois, les voyant venir chargés de toutes ces pieces, que c'estoit des mulets de bagage, ausquels on a de coûtume d'atacher des plaques de leton.

Comme nos Sauuages sont toûjours nuds, à la reserue d'vn petit ouurage de coton que les hommes portent deuant, & les femmes deuant, & derriere, ils se seruent de peinture au lieu d'habits, & se rougissent tout le corps de Rocou, qui est vne graine d'arbre qu'ils détrempent auec de l'huile de Palmiste, qu'ils nomment *Carâba*. Ils adioûtent quelque fois sur ce fons diuers ouurages de couleur noire, dont ils font des dentelles larges de quatre doigts, le long des cuisses, pour representer le haut de chausses; ils figurent le pourpoint auec diuers passemens desquels ils distinguent le haut des manches, & les basques. Ils portent aussi quelque fois des moustaches faites de méme peinture, & releuées à l'Espagnole. Les femmes peignent sur leur front,

& iusques à la moitié du visage des crépes semblables aux nostres ; ausquels elles adioûtent quelque fois des larmes qui leur tombent des yeux, & plusieurs autres gentillesses, qui se font auec innocence, & sans aucune vanité.

Ces peintures deffendent aucunement les Sauuages de la persecution des Moustiques, & des Maringoïns, que nous appellons Cousins ; qui, comme i'ay dit ailleurs, sont fort importuns en ces contrées ; & qui les obligent d'auoir deux sortes de cases, l'vne dans leurs Carbets toute ouuerte sur le deuant, pour y demeurer pendãt le iour; & l'autre dans les bois bien fermée, afin que ces moucherons n'y puissent pas auoir d'accés, pour y reposer durant la nuit : ces petits animaux se retirans de iour dans les bois, & la nuit occupans les campagnes. Ces cases de repos ne sont pas pourtant si bien fermées qu'il ne s'y en rencontre toûjours quelqu'vn ; mais ils les en chassent auec la fumée du feu qu'ils ont coûtume d'allumer sous leurs licts pour moderer la fraîcheur des nuits qui sont longues, & en suite, vn peu froides en ce climat.

Les Sauuages font du feu auec vn

petit baston de bois dur, qu'ils tournent auec violence entre leurs mains, l'appuyans par vn bout sur vne piece d'vn autre bois bien sec : la vîtesse du mouuement en fait bien-tost sortir la fumée, & incontinent aprés le feu. Ils ont trouué semblablement l'inuention de mettre en ouurage la terre, de laquelle ils font leur vaisselle, leur baterie de cuisine, leurs pots, leurs plats, & leurs assietes; leurs platines mêmes pour faire cuire la Cassaue, sont de cette matiere, aussi bien que leurs *Canaris*, ou vaisseaux à mettre leur boisson, dont i'ay veu quelques vns aussi grands que des Tonneaux de vin. Quoy qu'ils n'ayét pas l'vsage du plomb, ils ne laissent pas de vernir leur vaisselle, quasi aussi proprement que nos Europeans. Ce vernis est gris, rouge, iaune, & de plusieurs autres couleurs.

Mais leur industrie paroist plus grande en la fabrique de leurs Barques, qu'en toute autre chose, ils en ont de deux sortes, à sçauoir les Pirogues, & les Canots. Les Pirogues sont longs de cinquante, & soixante pieds, & larges de cinq ou six, ils les font tous d'vne piece, d'vn arbre qu'on appelle *Acaiou* que quelques vns estiment estre vne espece de Cedre, qui a trois qualités excellentes pour cet vsage; la premiere, qu'il deuient prodigieusement gros, & grand, la seconde que son bois est fort leger; & en troisiéme lieu que les vers ne s'y engendrent point, ce qui vient peut-estre de son amertume. Ces barques longues sont capables de porter cinquante ou soixante hommes, & leur seruent ordinairement pour la guerre ou pour les voyages de long cours : ils les creusent fort adroitement auec le feu, dont ils se seruent non seulement pour les vuider; mais aussi pour les élargir.

Leurs Canots sont beaucoup plus petits, ronds par le bas, & se renuersent facilement; mais les Sauuages qui nagent tous comme des poissons, ne s'en mettent pas beaucoup en peine : quand cet accident leur arriue, ils redressent leur canot, en vuident l'eau, & se remettent dedans pour continuer leur course, comme ils sont tous nuds, ils ne se soucient guere de faire secher leurs habits.

Leur façon de nauiger est toute autre que la nostre. Ils ne se seruent point de Carte ny de Boussole pour prendre les vens, & tenir leur route ; mais ils se gouuernent de nuit par les étoiles, & le iour par le Soleil : leurs rames sont de la longueur de 4. ou 5. pieds seulement, qu'ils tiennét, toutes droites, poussans l'eau en arriere, d'vne façon cõtraire à la nôtre. Ils s'accordent si bien en ramãt qu'vn auiron ne passe pas l'autre ; frappant pour cet effet le Pirogue auec la rame, cõme pour battre la mesure, & nauiger de concert. L'office du Capitaine qui commande n'est pas de gouuerner ; mais de ietter l'eau qui entre dans le Pirogue auec vn vase destiné à cet vsage. Si quelqu'vn s'épargne, & demeure les bras croisés, tandis que les autres trauaillent, personne n'en murmure, & ne luy en fait reproche.

Nos Sauuages accoûtument leurs enfans dés leurs plus ieunes annees à mépriser les douleurs, pour les rendre plus courageux dans les cõbats. Ils ramassent pour cet effet de gros fourmis qu'ils mettent dans vn lict destiné à cet vsage dans la sale commune du carbet ; où ils iettent plusieurs fois l'année leur ieunesse, depuis l'âge de trois ans iusques à dix-huit. Cet exercice est bien rude : car ces animaux les tourmentent cruellement, & leur font éleuer la peau de la grosseur d'vne noisette.

Les hommes sont fort laborieux, & ne s'espargnent point au trauail : ils vont à la chasse, & à la pêche : ils font, & reparent les cases ; & s'employent à faire des meubles, pour l'vsage de leur famille ; comme leurs paniers, leurs hotes, leurs sieges, & leurs *matoutous*, c'est à dire leurs petites tables qu'ils font d'vne plante qu'ils appellent *Arôma*, dont ils se seruent au lieu d'osier. Les femmes sont encore moins oisiues que les hommes ; elle s'occupent aux affaires de leur ménagerie, elles font le pain de la racine de Magnoc, & leur breuage d'oüicou, elles preparent les viandes, & rendent toute sorte de seruices à leurs maris, & à leurs enfans : font l'huile de *Caraba*, dont ils se seruent pour se peindre, & pour oindre leurs corps ; accompagnent leurs maris au trauail de leurs jardins, & s'employent en toutes les necessités de leurs maisons. Si elles ont quelque temps de reste, elles s'occupent à faire des lits de coton, presque de la méme façon que nos Tisserans font les toiles. Les hommes, & les femmes indiferemment, trauaillent à filer le coton, & à le retordre, ce qu'ils font sans roüet, & sans quenoüille, le roulans auec la main sur leur cuisse; mais les seules femmes mettent ce fil en œuure, & en font leurs *Baii*, ou *Acâto*, c'est à dire leur licts.

CHAPITRE VIII.

De leurs mœurs, & de leurs dispositions à receuoir la Foy.

Comme ie crains qu'ō ne préne pour des fables, & pour des inuentions de mon esprit ce que ie diray de la bonté de ces peuples; ie rapporteray deuant toute autre chose le témoignage de cet Euéque D. Barthelemy de las Casas, au liure que i'ay allegué cy-dessus, quād i'ay parlé de la multitude innombrable d'infidelles qui habitent ces contrées : Voicy ce qu'il dit des mœurs de nos Sauuages, & de leur disposition à receuoir la Foy.

Dieu crea ces gens infinis de toute sorte,

tres simples, sans finesse ou cautele, sans malice, tres obeyssans, & tres fideles; fort humbles, fort patiens, tres pacifiques & paisibles, sans noises & remuemens, sans querelles, sans étrifs, sans rancune ou haine, nullement desireux de vengeance. Et en vn autre endroit du méme liure, il les appelle encore *Agneaux tres doux*. Ce sont des qualités rauissantes, & qui marquent de tres bons naturels. Il continuë, & parle de cette sorte. Ils ont l'entendement tres net & vif, estans dociles & capables de toute bonne doctrine, tres propres à receuoir nostre sainte Foy Catholique, & à estre enseignés en bonnes & vertueuses mœurs, ayans moins d'empéchemens, & de détourbiers pour ce faire que tous les autres gens du monde; & sont tant enflamés & échaufés, & importuns dés qu'vne fois ils ont commencé à gouster des choses de la Foy pour les sçauoir entendre; & en l'exercice des Sacremens de l'Eglise, & seruice diuin, que veritablement les Religieux ont besoin d'vne singuliere patience à les supporter. Il les appelle *importuns* en vn poinct qui les rend bien aymables ! plaise à Dieu qu'ils continuënt dans cette inclination à s'informer des choses necessaires à leur salut,

& dans cette importunité !

Ie crois qu'aprés ce témoignage, ie puis dire mon sentiment auec plus grande liberté : & que personne n'aura suiet de soupçonner que ie passe les bornes, de la verité quand ie diray que ces peuples viuent dans vne merueilleuse innocence, & qu'on diroit à les voir qu'ils n'ont pas peché en Adam comme les autres hommes, parce qu'on ne remarque en eux que peu, ou point d'inclination au vice.

Il est vray qu'ils ont quelque superstition, & que beuuans quelque fois par excés ils blessent ou tuent ceux auec lesquels ils prennent querelle pendant leur yuresse ; mais encore en ces deux poinćts sont-ils aucunement excusables; puisque pour le premier ils suiuent les connoissances qu'ils ont receuës de leurs ancétres, & qu'à l'égard du second ils n'estiment pas mal-faire de passer en leur boisson les bornes de la necessité. Parlons de leurs superstitions plus en particulier.

Les Sauuages de ce pays n'ont point de Religiõ reglée: Ils se sont persuadés aussi bien que quelques Philosophes anciens, que le monde n'a iamais eu de commencement; mais a toûjours esté dans ces vicissitudes de iours & de nuits, de generatiõs & de corruptions, de chaud & de froid, de beau-temps & de pluye, de maladie & de santé, de vie & de mort, & de tous ces autres changemens, que nous voyons auiourd'huy.

Ils ont la creance de l'immortalité de l'ame; & quelques vns estiment que les gens de bien vont au Ciel aprés leur mort, & les méchans sous la terre: les autres neantmoins croyent vne espece de metempsycose moins déraisonnable que celle qu'ont établie quelques anciens, qui ont estimé que l'ame d'vn homme se trouuoit souuent dans le corps d'vne beste pour l'animer : nos Sauuages ne sont pas si grossiers, & ceux qui m'en ont entretenu ne m'ont iamais dit autre chose, sinon que quand ils mouroient leur ame entroit dans le corps d'vn petit enfant qui venoit au monde.

Ils sçauent qu'il y a des Diables, & des esprits mal-faisans, qui sont ennemis des hommes ; mais ils s'abusent en ce qu'ils les reconnoissent pour les autheurs de toutes leurs maladies, & en ce qu'ils pensent que les Boïayes, qui sont leurs Infirmiers, leurs Medecins, & leurs Exorcistes tout ensemble, ont le pouuoir de les chasser.

Ils se persuadent finalement que leurs Boïayes, n'auroient pas le pouuoir de chasser les Diables, s'ils n'estoient éleués à cet office par de rudes épreuues, & que leurs enfans premier nés ne sçauroient prosperer, si les parens ne passoient par les mêmes rigueurs; non plus que leurs Capitaines ne pourroient reüssir en guerre, s'il ne subissoient ce rude traittement. Mais il ne suffit pas aux Boïayes d'auoir souffert toutes ces cruautés, ils s'abstiennent aussi pendant toute leur vie de certaines viandes qui leur sont deffendües.

Ie n'ay pas remarqué d'autres superstitions parmy ces peuples: mais ie puis asseurer que celles dont ie viens de parler seront auantageuses aux ouuriers Euangeliques qui s'employeront à leur instruction: puis qu'ils croyent déja qu'il y a des esprits, il sera aisé de leur persuader qu'il y en a de bons, aussi bien que de méchans; & particulierement vn qui est souuerainement bon, & createur de toutes choses, qui a donné aux Chrestiens le pouuoir de chasser les Diables, & non à leurs Boïayes : il sera facile de faire croire les recompenses des bons, & le châtiment des méchans à des personnes qui tiennent déja pour asseuré que les méchans vont sous la terre, aprés leur mort, & les bons dans le Ciel. Enfin nous n'aurons pas de peine à leur faire renoncer à ces ieûnes superstitieux, & à ces tourmens qu'ils font souffrir à tant de personnes, & d'introduire en la place les ieûnes de l'Eglise, & les penitences de la vie Chrestienne, dautant que ce traittement leur est si rude, & si insupportable, que quand ils en sortent ils paroissent maigres comme des squeletes, & défaits comme des morts.

Ie me seruois de cette methode, & remarquois par le succés, qu'elle estoit efficace pour les détromper, & pour leur persuader les mysteres de nôtre Foy. I'en rapporteray vn exéple qui me seruira de preuue. Comme ie faisois vne instruction familiaire à plusieurs Galibis, & leur parlois du pouuoir de la Croix de Iesus-Christ, ie leur dis que le Diable, qu'ils asseuroient estre vn esprit, ne pouuoit estre frapé, ny tué par leurs Boïayes: non plus que l'ame d'vn homme quand elle sortoit du corps, qu'ils ne voyoient, ny ne pouuoient fraper, pource qu'elle estoit pareillement vn esprit : ils témoignerent tous estre conuaincus de cette verité, & se prirent à rire de leur simplicité. I'ajoûtay que les Chrestiens qui croyoient aussi bien qu'eux qu'il y auoit des Diables, ne les craignoient pas, par ce qu'ils les combatoient, & les chassoient auec le signe de la Croix; & que s'ils vouloient eux-mémes s'en seruir, le formant sur leurs enfans, & sur leurs propres personnes; ou en porter l'Image suspenduë au col, au lieu de *Caracolz*, ils auroient le méme pouuoir, & se garantiroient de sa tyrannie : ces pauures gens entendans ce discours en firent paroître vne grande ioye, repetans auec admiration ces mots dont ie m'estois seruy, *Patônebo Iesu aîouboûtouli, Iôlocan telaôné emâné*. La Croix de Iesus nostre Capitaine chasse promptement le Diable, *telaôné emâné, telaôné emâné*, elle le chasse promptement, elle le chasse promptemét, & sans luy donner

aucun

aucun loisir d'attendre. L'effet de ce Catechisme fut, que petits & grands m'importunerent pendant plusieurs iours de leur donner des Croix, pour les porter au col : i'entendois à toute heure ces parolles, *Patri amiaro patônebo*, Pere donne moy vne Croix : & il y en eut quelques-vns qui ne se contentans pas d'vne, en portoient trois ou quatre qu'ils auoient ramassées de diuerses personnes.

Mais pour reprendre le discours de leurs erreurs, ce n'est pas merueille qu'ils se trompent en tous ces poincts, puisqu'ils n'ont iamais eu cognoissance de nostre Foy, qui est le flambeau qui nous éclaire, sans lequel nous serions aussi bien qu'eux en tenebres : il y a plûtost sujet de s'estonner de ce qu'estans persuadés que les Diables sont les autheurs de toutes leurs maladies, ils n'ont pas eu la pensée de se les rendre fauorables par des sacrifices, & par des prieres.

Les Sauuages de cette partie de l'Amerique aiment tant l'honnesteté, que ie n'ay iamais remarqué en eux chose aucune qui tendit à lubricité. On ne void point parmy eux de baisers, moins encore d'attouchemens, ils viuent, &

F

conuersent ensemble auec autant d'innocence que de petits enfans ; & ne commettent iamais aucune action deshonneste nonobstant leur nudité, à laquelle neantmoins ils cherchent le moyen de pouruoir : ceux qui peuuent recouurer vne chemise s'estiment heureux, & la gardent pour les iours de leurs assemblées : iusques là méme que les Galibis parmy lesquels i'ay vécu en terre ferme, me prierent à mon depart d'Oüarabiche de leur porter de la graine de chanvre, & de lin, pour faire de la toile dont ils se peussent couurir.

Nos Sauuages ont particulierement en haine deux vices, le mensonge, & la cholere, & ils estimét les menteurs, & les choleres des méchans : s'ils surprennent quelqu'vn en mensonge ; ils ne se fient plus en luy. Pendant tout le temps que i'ay demeuré auec eux, ie n'en ay veu qu'vn seul en cholere, qui fut le Capitaine de nostre Carbet, à l'occasion dont ie parleray cy aprés. Ils font vn cas particulier de ceux qui ont non seulement l'humeur ; mais aussi la voix, & la parole douce : & qui sont d'vn naturel complaisant : c'est pour ce suiet qu'ils se plaisent plus auec les François qu'auec les Espagnols, dont, à leur dire, ils ne peuuent supporter l'humeur fiere & arrogante.

Vn vieillard qui auoit demeuré quelque temps auprés d'eux, nous racontant vn iour ce qui luy auoit déplu en leur façon de traitter les Sauuages, nous asseuroit que les Espagnols les obligeoient à trauailler à la terre, sans y vouloir toucher du bout du doigt : & contrefaisant le commandant Espagnol, *il releuoit*, disoit-il, *sa moustache des deux costés* ; & puis, mettant les mains derriere le dos, il nous regardoit d'vn œil hautain, & imperieux, & nous disoit, *Maina bônà*, au jardin : & derechef releuant sa moustache il repetoit les mêmes mots, *Maina bônà*, allés au iardin, allés trauailler au iardin. Les François adioûtoit ce bon homme, n'en font pas de même ; ils mettent les premiers la main à la besogne, & nous traitent auec plus de douceur. Ce mot seruira d'instruction à ceux qui voyageront en ces contrées.

Ils ont vn grand respect les vns pour les autres, ils ne contestent point de parole, & ne se contredisent iamais. Quand ils parlent à quelqu'vn qu'ils côsiderent, ou pour son âge, ou pour sa qualité, ils ont coûtume de repeter le discours qu'il leur fait, de la façon que nous repetons les argumens de Philosophie, ou de Theologie : ce qu'ils font pour montrer qu'ils comprennent ce qu'on leur dit, & pour témoigner à celuy qui leur parle le respect qu'ils luy portent. Les Capitaines, & les vieillards en vsoient de cette maniere en mon endroit, quand ie les entretenois des principes de nostre Religion.

A propos dequoy ie diray que ces pauures gens me témoignoient en toutes occasions beaucoup de respect, & d'amitié ; mais ils m'en donnoient des marques particulieres en vne chose que ie n'eusse pas attendu d'eux, lors que ceux du Carbet où ie demeurois, s'absentoient pour quelque temps, & méme pour vn seul iour, ils venoient, en partant, prendre congé de moy dans ma case, & me disoient le lieu où ils alloient & qu'ils y dormiroient tant de nuits ; ils se seruent de cette façon de parler, pource que comme ils mesurent les mois par les lunes, & non par le cours du Soleil, ils ont aussi coûtume de compter les nuits, &

non les iours quand ils veulent defigner quelque temps. Difons vn mot de leur hofpitalité.

Ces peuples font vn eftat particulier de l'hofpitalité: ils l'ont fi fort à cœur que quand vn paffant, ou vn étranger vient loger chez eux, ils leur font feftin pendant trois iours, & leur donnent à chaque repas vne Caffaue fraiche. Ils font fi charitables les vns enuers les autres qu'ils n'ont quafi rien de propre; & chacun a droit d'aller prendre dans leur iardin ce qui luy agrée, fi quelqu'vn a du gibier, les autres ont droit d'en aller manger auec luy, fans attendre qu'on les inuite; quand ce feroit méme vn inconnu de quelqu'autre nation: s'il les void prendre leur repas, il fe va feoir auprés d'eux, met la main au plat, & boit & mange comme s'il eftoit de la famille, fans y apporter d'autre ceremonie.

Ie m'affeure que qui fera reflexion fur ce que ie viens de rapporter de leurs mœurs, remarquera, que cet Euéque Efpagnol dont nous auons rapporté le témoignage, a eu raifon d'en parler dans les termes qu'il a fait. Le bon naturel que Dieu leur a donné, eft vne grace qu'on

F iij

ne sçauroit assés priser, puisque ce qu'est vn bon fondement à vne belle, & grande maison, la nature l'est à la grace, le propre de laquelle est de perfectionner la nature; de sorte que i'ay raison d'asseurer que des personnes qui viuent auec tant de simplicité, & qui ont de tels auantages de naissance, sont des tables rases sur lesquelles il ne sera pas difficile d'imprimer les maximes du Christianisme.

Mais i'ay grand sujet d'apprehender que ces pauures infideles ne s'éleuent au iour du iugement contre plusieurs Chrestiens, & qu'ils ne les condamnent aussi bien que les Niniuites condamneront les Iuifs, suiuant la parole du Sauueur: pource que ces Barbares, sans sçauoir les mysteres de nostre Foy, & sans auoir les lumieres de l'Euangile; sans la grace & sans la force que les Chrestiens reçoiuent des Sacremens; & sans vn million d'autres aydes que Dieu leur donne, viuent neantmoins plus innocemment que la pluspart d'entr'eux. En quoy nous pouuons admirer la bonté de Dieu qui paroît visible sur ces nations, ouurant, ce semble, le chemin à son Euangile dans vne terre, qui n'attend plus qu'vn bon nombre d'ouuriers, pour receuoir cette graine celeste & rendre le centuple.

CHAPITRE IX.

Mon occupation en Terre ferme.

Peu de temps aprés le depart du Pere Méland pour saint Thomas, i'enuoyay vn ieune homme François aux Isles, pour faire sçauoir à nos Peres l'estat de nostre mission d'Oüarabiche, & le proiet de celle que le Pere Méland estoit allé commencer; ce qui fut cause que ie restay seul auec vn garçon de seize ans, sans pouuoir parler, ny trouuer aucun interprete pour me faire entendre aux Sauuages Galibis parmy lesquels ie viuois.

Dieu me presenta vne occasion fauorable pour apprendre leur langue, m'enuoyant vne enflure prodigieuse aux iambes, & aux pieds, qui m'arrestoit au village où ie m'estois logé, & m'empêchoit d'aller aux nations confederées, & voisines, de sorte que i'employois tous les iours plusieurs heures à cet étude, duquel

F iiij

j'eſtois ſouuent diuerty par les Sauuages du Carbet où ie demeurois, & par pluſieurs autres qui venoient de loing pour me voir : mais ces diſtractions ne m'eſtoient pas tout à fait inutiles, apprenant toûjours quelques mots de leur langue dans leur entretien : comme la nuit ie demeurois ſeul dans le village auec le ieune François qui me tenoit compagnie; parce que les Sauuages ſe retiroient dans les bois, & dans leurs caſes de repos, i'en paſſois vne bonne partie à diſpoſer mes remarques, & à faire vn Dictionnaire, pour mon vſage, & pour celuy des Peres qui ſeroient employés à leur conuerſion. Les memoires du Pere Méland me ſeruirent beaucoup à ce deſſein.

Cette langue eſt ſi riche, & ſi abondante que i'ay quelquefois remarqué vingt-quatre mots pour ſignifier la méme choſe : ce qui m'obligea à faire deux Dictionnaires, l'vn où ie ne mettois qu'vn mot pour exprimer vne choſe, & qui eſtoit ſuffiſant pour apprendre à la parler : l'autre qui eſtoit neceſſaire pour l'entendre ; d'autāt qu'on y trouuoit tous les termes qui ont vne méme ſignificatiō.

de l'Amerique.

Ce qui augmentoit l'affection que i'auois d'apprendre cette langue, estoit que ie la trouuois quasi vniuerselle, & presqu'aussi commune dans la terre ferme Meridionale que la Latine est familiere en Europe. Aussi-tost que i'en sçeu assés pour me faire entendre, ie commençay à enseigner la Doctrine Chrestienne, & à disposer ceux qui me venoient voir à receuoir la Foy; & sans sortir de la case où mon indisposition m'arrestoit. Ie préchay, & fis connoître Iesus-Christ à plusieurs peuples, dont la pluspart faisoient vn long chemin pour me venir voir. Entre tant de nations differentes il ne se rencontra que les Comanagotes qui ne m'entendissent pas: car tous les autres, comme les Paria, les Arôtes, les Coré, les Saïmagotes, & les Caraïbes qui venoient des Isles visiter leurs amis, ils comprenoient fort bien ce que ie leur voulois dire. Quand ie ne trouuois pas des termes, pour leur faire entendre les mysteres dont ie traittois, ie leur monstrois les images qui les representoient: & si cecy ne suffisoit pas, quelque Galibi de ceux que i'instruisois, prenoit la parole, & leur repetoit ce que i'auois dit.

Les Sauuages qui me venoient visiter estoient chargés ordinairement de toute sorte de viures dans l'esperance de nous les védre pour des couteaux, des haches, de la rassade, & autres danrées dont ils auoient besoin. Ie prenois cette occasion pour leur declarer le dessein qui m'auoit attiré dans leur pays, qui estoit de leur enseigner le chemin du Ciel, & de les rendre bien-heureux aprés cette vie: ie leur expliquois en suite les principaux mysteres de nostre Foy, & tâchois auant toutes choses de leur donner quelque connoissance de l'vnité de Dieu, & de la Trinité des personnes. Ie leur parlois aussi du bon-heur dont ioüissoient les bons Chrestiens dans le Ciel, & des châtimens épouuentables que souffrent les méchans en enfer. Enfin ie les entretenois sur les poincts les plus importans de la vie, & de la mort de nostre Seigneur, & du mystere de l'Incarnation. Ils prenoient grand plaisir de voir dans mes images ce que ie leur auois enseigné de viue voix. Nostre Capitaine, qui dans ce rencontre faisoit le maistre des ceremonies, ne manquoit pas de me prier de les leur monstrer, quád ie m'en oubliois;

& particulierement vn, *Ecce homo*, dont il faisoit grande estime. Ces pauures Barbares estoient surpris d'estonnement quand ie leur disois que ce grand esprit qui est par tout, & qui a tout fait, auoit creé au commencement du monde vn homme, & vne femme, qui sont le pere, & la mere de toutes les nations de la terre, & qu'ainsi nous estions tous freres, & les enfans d'vne méme famille: leur admiration s'augmentoit beaucoup quand ie leur disois que ce premier homme s'appelloit *Adam*, & cette premiere femme *Eue*, ne pouuans comprendre de qui i'en auois pû apprendre le nom. Comme il falloit faire vn Catechisme à toutes les bandes qui venoient, il ne se passoit quasi point de iour auquel ie n'en fisse deux ou trois sans comprendre les instructions que ie faisois dans les rencontres aux particuliers.

Vn Capitaine Galibi, de l'Isle de Tabag, accompagné de vingt-cinq ou trente personnes de sa nation, se fit remarquer sur tous les Sauuages qui me vindrent voir: car m'ayant ouy dire que ie n'estois venu de France que pour leur apprendre les moyens d'aller au Ciel, il me fit toutes ces demandes. Quoy, tu n'és donc pas venu icy pour traiter des licts de Coton, des oiseaux, & d'autres marchādises du pays? Non, luy dis-je. Où est ta fēme? l'as tu laissée aux Isles? ie luy repartis que les PP. qui luy venoient enseigner le chemin du Ciel ne se marioient point, pour s'employer sans empeschemēt au seruice de Dieu, & aller plus librement porter sa connoissance par tous les pays du monde : Il fut estonné de cette réponse, & admiroit ce que ie luy disois; Mais ton Pere, adioûta-t'il, quand tu es party de France a t'il consenty que tu vinsses en des contrées si éloignées, seulement pour ce suiet ? & sans attendre ma réponse il dit à vn Vieillard qui estoit de sa troupe, Voy ce Pere, il n'a quitté la France, pays beaucoup meilleur que le nostre, & où il estoit bien à son aise, que pour nous enseigner le chemin du Ciel ! & se tournant vers moy, il me dit, Quand nous t'aurons crû, & lors que nous serons Chrestiens comme toy, tu nous quitteras, & tu t'en iras ailleurs..... se souuenant de ce que i'auois dit que les PP. qui leur venoient enseigner la Foy, ne se marioient point pour estre plus libres à aller prêcher Iesus-Christ en tous les lieu du monde, ie le détrompay, &

luy asseuray que mes Freres, ou moy, ne les abandonnerions iamais, pourueu qu'ils voulussent nous croire, & se faire Chrestiens.

Qui fera reflexion sur les reparties de ce Capitaine, pourra remarquer que les Sauuages de ce pays ne manquent pas d'esprit, puis qu'ils penetrent si facilement dans nos pensées, & qu'ils forment sur le champ des difficultés, & des instances qui font voir qu'ils sont tres capables d'estre instruits.

Ie faisois tous les iours sur les sept heures du matin le Catechisme dans la Chappelle ; où les peres, & les meres auoient grand soing d'enuoyer leurs enfans : plusieurs personnes de tout âge, non seulement du lieu où i'estois, mais encore des Carbets voisins, s'y rendoient pour entendre ce que ie disois de nostre creance : ie commençois toûiours cet exercice par le signe de la Croix, que tous les Sauuages faisoient auec moy; aprés lequel nous recitions tous ensemble le *Pater*, *l'Aue*, *le Credo*, & *les Commandements de Dieu*, en leur langue. Ie leur expliquois en suite quelque mystere de nostre Foy, que ie leur faisois voir

dás les images qui le repreſentoient: puis
i'interrogeois les petits enfansſ, & méme
les hommes, & les femmes, ſur les poincts
que i'auois déja expliqués : pour con-
cluſion ie diſtribuois les prix à ceux qui
auoient mieux dit: les enfans s'eſtimoient
bien récompenſés quand ie leur donnois
vne ou deux épingles, dont ils ſe ſeruent
pour prendre de petits poiſſons ; mais
ils eſtoient rauis quand ie leur faiſois preſent d'vn hameçon : La recompenſe des
hommes eſtoit vn petit couteau, ou vne
de cés trompes dont les laquais, ou perſonnes du commun ioüent en France;
& celle des femmes eſtoit vne aiguille,
quelques pendans d'oreille, ou ſemblables petits bijous pour leſquels elles ont
paſſion.

 Les hommes ne diſoient ordinairement mot dans ces aſſemblées, & ſe con-
tentoient d'écouter ; mais les femmes,
qui naturellement n'ont pas de repu-
gnance à parler, me faiſoient diuerſes
queſtions ſur les poincts que i'expliquois. Voicy vne demande que me firent
vn iour trois ou quatre femmes venuës
d'vn Carbet voiſin pour entendre le
Catechiſme: m'ayant oüy dire que Dieu

s'estoit fait homme pour l'amour des hommes, elles se mirent à disputer ensemble sur cet article ; mais elles parloient si bas que ie ne les pouuois entendre : ie les priay de me vouloir dire le suiet de leur differend, vne prenant la parolle, me répondit, monstrant vne de ses compagnes, *elle demande si Dieu que tu dis s'estre fait homme pour l'amour des hommes ne s'est pas aussi fait femme pour l'amour des femmes ?* comme i'estois encore assés nouueau en la langue, ie ne distinguay pas suffisamment les mots d'*Ouelian* qui signifie vn homme, & *Oulian*, qui veut dire vne femme, & luy répondis qu'oüy ; mais m'estant aussi-tost apperceu de l'equiuoque, ie luy demanday si elle disoit *Ouelian*, ou bien *Oulian* ? elle me repartit qu'elle auoit toûjours dit *Oulian* ; ie pris incontinent la parolle, & fis entendre à tout le monde que *le Fils de Dieu s'estoit seulement fait homme pour les hommes, & pour les femmes, & qu'il n'estoit pas necessaire qu'il se fit femme pour sauuer les femmes ; puis que l'homme & la femme estoient de méme nature, bien que de sexe different.*

Trois ou quatre iours aprés, traittant

encore de ce myſtere, quelques autres femmes qui n'y eſtoient pas la premiere fois me firent méme queſtion, à laquelle ie ſatisfis par la méme reponſe. Elles me demanderent auſſi à la fin de mon Catechiſme: *ſi Marie Mere de Dieu, dont elles voyoient vne grande image dans la Chapelle, eſtoit habillée lors qu'elle viuoit ſur la terre, comme elle eſtoit repreſentée dans l'image, ou ſi elle alloit nuë à leur façon?* Ie leur répondis *que toutes les nations du monde auoient des habits; que la ſainte Vierge auoit toûiours eſté veſtuë decemmēt, & dans la modeſtie; & qu'elles mémes ſe couuriroient, & auroient de la confuſion de ſe voir nuës, quand elles ſeroient Chreſtiennes.*

Si meſſieurs de la Religion Pretenduë auoient veû, comme moy, combien les images contribuent à l'inſtruction des Sauuages, ils n'en condamneroient pas l'vſage auec tant de temerité: ils ſeroient pleinement conuaincus des impoſtures de leurs Miniſtres, qui diſent que ſi les Catholiques qui ſont ſçauans n'adorent pas les images, & n'ont pas recours à elles comme ayans pouuoir de les exaucer, au moins le vulgaire ignorant leur

attribuë

attribuë, quelque sorte de Diuinité, & tombe souuent dans l'idolatrie à leur suiet : ces messieurs, dis-je, pourroient se détromper par la seule demande que me firent ces pauures femmes Sauuages qui distinguoient si bien Marie de son image, quand elles s'informoient *si Marie estoit habillée comme elle estoit representée dans l'image*, qu'elles voyoient.

Le Capitaine de nostre Carbet entra vn iour dans la Chapelle, & n'y voyant personne, parce que ie m'estois retiré dans la Sacristie, s'approcha de l'Autel, où estoit l'Image de nostre Dame, & la monstrant de la main, s'écria *Ené ébaton Marie Dioßâno*, voila l'Image de Marie Mere de Dieu : puis mettant le doigt sur nostre Seigneur qu'elle portoit entre les bras il adioûsta, *Ené ébaton sibiou Marie Dioßômourou* : voila l'Image du petit enfant de Marie qui est fils de Dieu: & leuant les yeux plus haut, & les arrétât sur vn Crucifix qui estoit sur l'Autel, il dit d'vn ton affectueux, & plein de tendresse, *Ené ébaton Iesu Dioßômourou boüitounou bocò ieimoi patônebo*, voila l'Image de Iesus fils de Dieu qui a esté attaché à la Croix pour l'amour des hom-

G

mes. Celuy-cy ne diftinguoit-il pas bien l'Image de fon prototype, auffi bien que les femmes dont nous auons parlé ?

On peut inferer de ce que nous venons de dire, que ces pauures gens n'ont pas feulement vne grande docilité, & vn grand defir de fe faire inftruire ; mais qu'ils font encore tres capables de profiter de ce qu'on leur enfeigne. I'ay peine à croire, veu la difficulté que i'auois de m'expliquer, qu'ils n'ayent eu vne affiftance particuliere du faint Efprit pour m'entendre : car ils conceuoient fouuent des chofes tres difficiles, & que ie ne pouuois enoncer. Ce qui me confirme dans cette creance eft, que quand ie leur parlois des chofes qui ne regardoient point la Foy, ils ne comprenoient pas le plus fouuent ce que ie voulois dire; mais lors que ie les inftruifois de nos myfteres, ils conceuoient fi bien les poincts que ie leur traittois, qu'à peine auois-ie acheué de parler qu'ils me faifoient des inftances preffantes, & fort à propos. I'ay veu quelque fois auec admiration de petits enfans, qui à peine pouuoient parler, repeter auec vne facilité, & vne fidelité incroyable ce que i'auois dit en mon Catechifme : ce qu'ils ne faifoient pas par routine, parce que ie les interrogeois fans garder l'ordre des matieres dont ie leur auois parlé.

CHAPITRE X.

Des Baptémes que nous auons faits à Oüarabiche.

LA crainte que nous auons de voir des Apoftats dans ces nouuelles Eglifes fait que nous apportons de grandes precautions à donner le Baptéme aux Sauuages qui nous le demandent: mais comme ce feroit imprudence de le conferer indifferemment à tous, auffi feroit-ce cruauté de le refufer dans l'extreme neceffité.

Ie baptifay fur la fin du mois de Septembre de l'année 1653. vne vieille femme qui eftoit à l'extremité. Le Pere Méland la voyant fouuent indifpofée l'auoit inftruite en particulier; mais ne l'ayant pas trouuée affés feruente, il n'auoit pas ofé luy confier le Baptéme: c'eft pourquoy il me pria lors qu'il partit pour saint Thomas de le luy donner quand ie la verrois en danger de mort: peu de temps aprés son depart elle tomba dans vne grande maladie, laquelle ie n'eus pas plûtost apprise que ie la baptizay, & luy donnay le nom de Marie: à peine eut elle receu ce Sacrement qu'elle commença à prendre de la nourriture, ce quelle n'auoit peu faire depuis plusieurs iours. Ie la laissay en parfaite santé à mon depart d'Oüarabiche.

Le Pere Méland baptiza deux petites filles l'année 1652. On ne croyoit pas que l'vne deut suruiure vn moment à son Baptéme: pour l'autre comme elle estoit paralytique de tout son corps, on tenoit sa mort infaillible; mais contre l'attente de tout le monde, elles ont trouué toutes deux la santé de l'ame, & du corps dans le Baptéme: Depuis leur guerison leurs parens ont toûjours eu en grande veneration ce Sacrement.

Au mois de Ianuier de l'année 1654. quelques iours deuant mon depart, i'apperceu qu'vn enfant qui estoit encore à la mammelle, mouroit entre les bras de sa mere, qui estoit sœur de la petite paralytique, dont ie viens de parler; Ie dis à cette bonne femme, *Tu vois bien que ton fils va mourir; si tu veux que ie le baptize il ira au Ciel, où il verra Dieu, & sera eternellement bien-heureux*: elle me repartit. *Tu dis que si ie veux que tu baptize mon fils il ira au Ciel, & verra Dieu? I'en suis contente, baptize le.* Ie voulu qu'elle eut auparauant le consentement de son mary, qui n'estoit qu'à trois pas de nous; de peur qu'il ne prit occasion de parler contre ce Sacrement, quand son fils, qu'on croyoit deuoir expirer à toute heure, seroit mort. Elle courut aussi-tost à son mary, & luy dit, *Voila le Pere qui nous promet que s'il baptize nostre fils il ira au Ciel; Ie veux resolument que mon fils aille au Ciel, puis qu'il y peut aller*: son mary respondit *qu'il le vouloit aussi*. Et incontinent elle me l'apporta dans la Chapelle pour le faire baptizer. Comme ie me disposois à luy donner ce Sacrement, le pere de cette femme suruint, qui me voyant prendre le surpelis, & l'estole, me dit, *Mon compere tu veux baptizer mon petit fils parce qu'il est en danger de mourir; que ne baptize tu aussi ma fille qui est fort malade?* Ie luy répondis qu'on l'allast querir, & que ie la baptizerois

G iij

auec son petit fils : sa femme me l'apporta tout incontinent, & ayant veu que i'allois baptizer son enfant, elle se laissa emporter aux mouuemens d'vne ioye si extraordinaire, qu'on eut dit, que i'allois faire vne Royne de sa fille. Ie la nommay Catherine, & le petit garçon Gabriel.

Ie rapporteray finalement l'heureuse mort d'vne ieune femme Sauuage, de la nation des Galibis, laquelle auoit esté si long-temps malade qu'elle paroissoit plûtost vn squelette qu'vn corps animé : ie menois quelque fois dans la case où elle estoit de petits enfants du Catechisme que i'interrogeois en sa presence, pour luy faire mieux conceuoir les articles de nostre creance, & luy en laisser vne plus forte impression dans l'esprit : Ie ne la pressois pas pourtant de se faire baptizer, parce que ie ne la croyois pas si proche de sa fin ; mais ie fus surpris quand on me vint dire qu'elle estoit à l'extremité; ie m'y transportay, & la trouuay sans mouuement, & sans connoissance, la respiration si engagée, & le pouls si bas, que ce qui luy restoit de signes de vie estoit des indices infaillibles d'vne mort prochaine : comme ie faisois tous mes efforts, pour tirer quelque marque de repentance, & quelque témoignage qu'elle desiroit le Baptéme. Vn habitant de l'Isle de la Grenade, nommé Gabriel, qui estoit venu voir la malade auec moy, m'auertit qu'elle estoit déja froide, & qu'il ne falloit plus vser de remise : ie suiuis son aduis, & la baptizay sous condition qu'elle fût en estat de profiter de ce Sacrement, ce que i'auois lieu de croire, puis qu'elle auoit toûjours fait paroître vne grande docilité pour les mysteres de nostre Foy.

Cette pauure femme ayant demeuré prés de vingt-quatre heures dans l'estat que ie viens de dire, reuint à soy, & recouura la parolle, & le iugement, qu'elle auoit aussi net, & aussi present que si elle eut esté en parfaite santé. Ie n'eus pas plûtost appris cette bonne nouuelle que ie priay le marchand qui parloit, & qui entendoit mieux la langue que moy, de l'aller voir, & de luy demander de ma part, si elle se souuenoit que ie l'eusse baptizée le iour d'auparauant, & si elle vouloit mourir Chrestienne ? Elle dit franchement qu'elle estoit resolüe de mourir à la façon des Sauuages : le mar-

G iiij

chand luy representa que si elle mouroit dãs cet estat, elle seroit miserable, & qu'elle brûleroit à iamais auec le Diable; mais que si elle se faisoit Chrestienne, elle iroit au Ciel, où elle iouïroit d'vn bon-heur qui ne finiroit iamais. Ces paroles firent tant d'impression sur son esprit, qu'elle le pria instamment de m'appeller à la même heure. I'y allay, & ie trouuay que Dieu s'estoit déja rendu maistre de son cœur; à peine pouuois-ie croire le changement que i'y remarquois. Cette femme éleuée dans le sein de la barbarie, conceuoit à demy mot ce que ie luy disois de nos mysteres, elle faisoit à chaque moment des actes de Foy, d'amour de Dieu, & de detestation de ses pechés, & elle estoit si puissamment preuenuë du saint Esprit, qu'elle ne sembloit agir que par luy : luy ayant demandé si elle vouloit aymer Dieu, elle fit vn effort s'éleuant, & étendant les bras pour l'embrasser, comme si elle l'eut veu present; & dit d'vne parole qui partoit plus du cœur que de la bouche, *Ichèira*, c'est a dire ie l'ayme, ie le veux aymer. Elle me demandoit le Baptéme auec des instances si pressantes, & si affectueuses qu'elle eut arraché des larmes du plus insensible, ce qui fut cause que la voyant dans vne si belle disposition, ie luy donnay pour vne seconde fois le Baptéme, sous condition que le premier n'eut pas esté valable, & la nommay Catherine ; mais comme Dieu ne nous l'auoit renduë que pour nous l'oster, elle mourut vne ou deux heures aprés, si transportée de ioye, qu'il estoit facile de iuger que ces grandes consolations estoient des auant-gousts du Paradis, & de l'eternité bien-heureuse.

CHATPRE XI.

Les Sauuages demandent des François en leurs Terres.

CE n'est pas vne foible marque du dessein que Dieu a pour la conuersion de ces peuples, de les auoir disposés à demander des François, qui aillent estendre le Royaume de Iesus-Christ, en conquerant de nouuelles terres à la France ; dautant qu'il est difficile que les miſſionaires qu'on y enuoyera, pour ſages, & pour zelés qu'ils ſoient, puiſſent reuſſir auprés des Sauuages, s'ils ne ſont appuyés d'vne colonie Françoiſe, non ſeulement à cauſe que l'exemple des bons Chreſtiens eſt vn puiſſant motif pour les exciter à embraſſer noſtre Foy; mais auſſi parce qu'il ſe peut faire, qu'vn d'entr'eux par reſſentiment d'vne iniure qu'il aura receuë de quelque François, ſe venge auſſi bien ſur les innocens que ſur les coulpables, s'il eſpere le pouuoir faire auec impunité: de quoy nous auons vn exemple tout recent en ce qui eſt arriué aux Peres Aubergeon, & Gueimû, dans l'Iſle de ſaint Vincent. Vne bonne colonie nous mettra à couuert de ce danger, & les Galibis qui demandent des François, nous protegeront contre les autres peuples: car comme cette nation eſt vne des plus redoutables de la terre ferme, leurs voiſins n'oſeront pas nous nuire, de peur de les offenſer.

Les principales raiſons qui leur font deſirer les François, ſont, qu'ils ſe perſuadent que par leur moyen ils debiteront les marchandiſes du pays, & pourront auoir en eschange des haches, des serpes, des couteaux, & plusieurs autres choses semblables, dont ils ne se peuuent point passer: & qu'estans ennemis irreconciliables des Espagnols, & de quelques nations Sauuages, ils auront vn grand appuy des colonies Françoises. Il est bon neantmoins que les François ne s'intriguent point dans leurs guerres, autrement ils se fermeront la porte dans les nations ennemies qu'ils ne pourront reconcilier.

Ils s'assemblerent trois ou quatre iours auant mon depart pour deliberer sur cette affaire, & determiner s'ils appelleroient les François dans leurs terres. Le resultat de leur conseil fut, qu'on chargeroit Macau, Capitaine de nostre Carbet de faire en sorte que le marchand de la Grenade, qui s'en deuoit retourner aux Isles, priât instamment les Capitaines des François de leur enuoyer des habitans pour demeurer auec eux. Macau s'aquita soigneusement de sa commission; mais il eut vn differend dans cette assemblée qui fait voir l'affection qu'il a pour les François: car vn autre Capitaine s'opposant à leur établissement, il s'emporta si fort, que prenant vn couteau à la main, il courut à luy pour le tüer, ce qu'il eut fait, s'il n'en eut esté empêché par ceux qui estoient presens. Il vint incontinent à moy, pour me décharger son cœur, & me fit paroître tant de ressentiment, & tant de fureur contre celuy qui nous auoit esté contraire, que i'auois peur qu'il ne l'assassinât. Cet homme neantmoins contre lequel il estoit si fort en cholere n'auoit dit que ce mot, *Si nous appellons les François, ils voudront estre les maistres.* I'ay suiet de croire qu'il y auoit vn peu de boisson sur le ieu: car comme ie luy en parlay deux iours aprés, il me témoigna en auoir de la confusion, & changea aussi-tost de discours.

Les Galibis ne sont pas les seuls peuples dans la prouince d'Oüarabiche qui desirent les François: les Coré, les Arôtes, & les Paria, leurs alliés, ne nous soûhaitent pas auec moins d'ardeur : il arriua neantmoins vn accident l'an 1653. qui nous pensa mettre mal auec les Paria.

Vn libertin François, qui auoit voulu, comme on croit, débaucher vne femme Sauuage, ayant esté tué sur le bord de la mer, par quelques-vns de cette nation; cet accident les obligea de se tenir long-temps sur leurs gardes, dans l'apprehension qu'ils eurent que les François ne leur fissent la guerre, pour venger cette mort. Mais, ayans appris que i'estois à Oüarabiche, ils deputerent vn Capitaine de leur nation pour me prier de leur vouloir moyenner la paix auec les Gouuerneurs des Isles, témoignans vn grand déplaisir du malheur qui estoit arriué; & offrans de leur donner des Esclaues, s'ils vouloient leur accorder cette grace.

Ce pauure Capitaine se tint quelques iours à l'écart dans vn village éloigné du nostre de deux ou trois lieuës, n'osant paroître deuant moy, de crainte qu'il auoit que ie ne le tuasse, pour tirer raison du meurtre qui auoit esté commis. Il employa quelques Galibis pour sçauoir de moy si i'estois fâché contre luy, & me fit dire *qu'il n'auoit point trempé dans ce massacre, & qu'il estoit plus Galiby que Paria, ayant vécu plus long-temps parmy eux qu'auec ceux de sa propre nation.* Il aioûtoit de plus *qu'aprés qu'il m'auroit parlé il iroit venger l'iniure qu'on auoit* faite aux François, & qu'asseurement il pendroit le meurtrier à vn arbre, aussi-tost qu'il l'auroit rencontré: qu'il me demandoit seulement la faueur de me pouuoir entretenir en asseurance. Ie fus bien aise de rencontrer vne occasion si fauorable de noüer amitié auec cette nation : ce qui me fit répondre à ceux qui me parloient de sa part, *qu'il n'auoit rien à apprehender de moy, que i'estois Galibi d'affection; aussi bien que luy, qu'il pouuoit venir sans crainte, & s'asseurer que ny moy, ny le François qui estoit en ma compagnie ne luy ferions aucun mal.* Quelque asseurance que ie luy eusse donné, il n'osa iamais venir dans ma case qu'acompagné de trente ou quarante Sauuages, qui entrerent les premiers, & se rangerent en haye, comme s'ils eussent esté les gardes du depuré. Quoy qu'il fut si bien escorté, & que ie n'eusse ny la volonté, ny le pouuoir de luy nuire, il se tenoit toûjours à l'écart, & le plus éloigné de moy. Il luy fallut parler long-temps, & méme luy faire des présens, auant que de le pouuoir r'asseurer. Mais ayant enfin reconnu que ie n'auois point de mauuais dessein contre luy, il suyuit Macau qui luy seruoit d'interprete, & d'introducteur, & se vint seoir auprés de moy.

M'ayant exposé sa commission, & témoigné vn grand déplaisir du malheur qui estoit arriué, ie luy remonstray auec douceur le sujet que les François auoient de se ressentir de cette mort, & luy promis d'écrire à monsieur le Gouuerneur de la Grenade, qui auoit esté le plus offensé en cette affaire, ce que ie fis quelque temps aprés; en sorte que la paix leur a esté accordée, & la bonne intelligence entr'eux, & nos François, renouuellée.

Les Galibis de Balime, qui ne nous connoissent que par reputation, nous demandent pareillement depuis trois ans, & font tout leur possible pour auoir des François. Le même habitant de la Grenade, duquel i'ay déja parlé, m'a rapporté qu'estant dans leur pays, ils luy auoient donné commission de prier de leur part Messieurs les Gouuerneurs des Isles de leur enuoyer vne colonie pour habiter leurs terres.

Balime est vne riuiere de la Guiane, qui a son emboucheure à six lieuës du fleuue d'Orinoc, & à deux de cleuy de Macourou: elle peut porter des nauires iusques à cinquante lieuës dans les terres où sont les Galibis qui demandent des François. Ils en attendoient encore au mois de Mars de l'année 1654. Car ie parlay en ce méme temps à des Sauuages de Balime, qui me confirmerent ce que cet habitant de la Grenade m'en auoit dit, & m'asseurerent qu'ils auoient ordre de luy faire reproche de ce qu'il n'executoit pas sa promesse, ils me dirent de plus, qu'ils auoient déja bâty vn fort, dans lequel les François se pourroient loger aussi-tost qu'ils seroient arriués. Vn Sauuage Chrestien, nommé Bacoulé, baptizé autre fois par les Espagnols, homme de grand credit parmy les Galibis de ce lieu, sollicite puissamment cette affaire, & fait tout son possible pour la faire reussir.

Voila deux grandes portes ouuertes à l'Euangile, pourueu que les François qu'on y enuoyera ne nous les ferment pas, comme d'autres ont fait en quelque partie de la Guiane, par les cruautés qu'ils ont exercées sur ces pauures infidelles, & par vne conduite desaprouuée de tout le monde, particulierement de ceux qui les ont enuoiez. Il faut souuent

bien

bien du temps pour guerir vne playe, qui se fait en vn moment, & nos regrets n'empêchent pas la perte de tant d'ames, qui perissent par la faute d'autruy ; c'est pourquoy ie coniure tous ceux qui voudront s'vnir, & faire vne compagnie, pour fauoriser la conuersion des Sauuages, de faire vn grand chois des personnes qui composeront la colonie qu'ils y enuoyeront: On n'y peut apporter trop de precaution, & sur tout à légard de ceux à qui on en donnera la conduite: car s'ils ne sont vertueux, & s'ils n'ont vne grande affabilité pour gagner les Sauuages, & beaucoup de prudence, & d'adresse pour ménager leurs esprits, il est bien difficile qu'ils y puissent reussir.

CHAPITRE XII.

Mon depart d'Oüarabiche pour les Isles, & mon retour en France.

Dieu m'ayant affligé d'vne indisposition qui ne diminuoit point, ie pris resolution d'aller aux Isles, pour changer d'air, & pour y trouuer quelque remede, ie tenois mon dessein secret, de peur que les Sauuages ne s'y opposassent, ils le découurirent neantmoins deux iours deuant mon depart, & m'en firent des reproches en des termes fort obligeans: car Macau me vint trouuer en ma case, & me dît, *Mon compere que t'ay-ie fait? pourquoy me veux-tu quitter? tu veux retourner aux Isles : t'ay-ie fâché en quelque chose? quelqu'vn de mes gens t'a-t'il déplu? crains-tu nos ennemis? dis moy ie te prie pourquoy tu nous veux abandonner?* Ie luy répondis que ce n'estoit pour aucune de ces raisons ; mais pour aller chercher quelque remede à mon mal, qui augmentant tous les iours, deuiendroit auec le temps incurable, & me rendroit tout a fait inutile parmy eux, que ie les aymois tous tendrement, & que ie luy promettois, qu'au cas que ie ne pusse pas reuenir, ie luy enuoyerois en ma place deux de mes Freres, qui estoient aux Isles.

Cette promesse sembla rendre la vie, & la parole à ce pauure homme : car, reprenant son air, & sa gayeté ordinaire, il me dit, *Voila qui va bien, mon compere, fais donc comme tu dis ; mais aduertis tes* *freres, que quand ils viendront, ils amenent auec eux six autres François dans mon Carbet, ie feray des viures pour tous : Que s'il vient quelques autres François ils s'iront loger aux villages prochains, où bon leur semblera.

I'adjoutay que ie n'auois point d'autre déplaisir en le quittant, sinon qu'il n'estoit pas Chrestien : il me repartit, I'en ay regret aussi bien que toy, & ie souhaite de l'estre ; mais tu ne veux pas que ie le sois sans y auoir bien pensé : I'attendois que tu sçeusses vn peu mieux nostre langue, pour te proposer mes doutes : tu vois bien le soin que i'ay de t'enuoyer tous les iours mes enfans, afin que tu les instruise : d'où tu peux iuger que ie veux estre Chrestien ? Il pouuoit encore adioûter vne autre preuue de l'inclination qu'il auoit à la Religion Chrestienne, c'est qu'il me vint prier quelque temps deuant mon depart, d'aller instruire, & baptizer vn Capitaine Galiby, qui auoit esté mordu d'vn Serpent.

Quelques iours deuant mon depart le garçon François qui estoit auec moy à Oüarabiche, me vint prier de le laisser en terre ferme, pour se perfectionner en la* langue des Galibis, & par ce moyen se rendre plus vtile aux Peres qui y seroient enuoyés, Ie luy accorday facilement sa demande, qui estoit conforme à mon desir, & le confiay à Macau Capitaine de nostre Carbet. Entre les ordres que ie laissay à ce ieune Missionnaire, ie luy recommanday *de visiter souuent nos nouueaux Chrestiens, & d'aller dans tous les Carbets du voisinage pour y instruire, & pour y baptizer les adultes dans l'extréme necessité; & sur tout les enfans qu'il iugeroit estre en danger de mort.* Ie luy donnay aussi charge *d'auertir dans tous les villages, qu'on l'enuoiât querir au besoin; & de faire prier Dieu tous les iours les enfans, & de leur continuer les instructions que ie leur faisois, aux heures, & de la façon, qu'il me l'auoit veu pratiquer.* Ie l'auertis aussi *de penser tellement aux autres, qu'il ne s'oubliât pas soy méme : que demeurant seul, & si ieune au milieu de la Barbarie, & de tant de nations infidelles, il deuoit estre continuellement sur ses gardes, & que comme il seroit sans Prestre, & sans Sacremens, il deuoit faire souuent des actes de contrition, se tenant toûjours prest de mourir, puis que luy, & tous les hommes ne sça-*

uoient pas le moment, auquel ils seroient obligés de comparoître deuant Dieu.

Aprés luy auoir donné ces auertissemens, ie m'enbarquay, & partis d'Oüarabiche le 22. iour de Ianuier l'année 654. pour me rendre à la Martinique; où ie n'arriuay neantmoins que long-temps aprés, à cause des vens contraires, & du seiour que ie fus contraint de faire en l'Isle de la Grenade.

Les Chirurgiens qui sont tout ensemble Medecins dans les Isles, ne m'eurent pas plûtost veu, qu'ils me condamnerent à retourner en France: asseurans que ie ne me remettrois iamais que dans l'air natal, & dans vn climat plus temperé. I'essaiay neantmoins toute sorte de remedes pendant vn an; mais inutilement, & fus enfin obligé de suiure leur aduis, & de repasser en France: où Dieu m'a fait la grace de reprendre vn peu mes forces; mais comme ie croy qu'il ne me les a renduës, qu'en consideration de ces pauures Barbares, i'estimerois faire vn acte d'iniustice, si ie ne les sacrifiois entierement à leur seruice. C'est pourquoy ie me dispose à retourner, pour seruir de guide à nos Missionaires, qui ne sçauent

H iij

ny le chemin, ny la langue du pays.

Ie n'attens plus pour ce voyage que les moyens d'y pouuoir paffer, & vn bon nombre de Peres capables d'executer vn fi grand deffein. C'est l'oüurage de Dieu, c'est fon affaire: tous les cœurs des hommes font entre fes mains; il leur infpirera ce qu'il iugera le plus à propos pour fon feruice, & pour le falut de tant de millions d'Ames.

Au refte ce voyage n'eft pas long, & difficile au poinct qu'on fe pourroit perfuader, on le peut faire en 5. ou 6. femaines, & mémes en moins de temps. Il ne fe paffe point de mois qu'il ne parte des vaiffeaux pour ces pays, & les Corfaires, que plufieurs apprehendent, ne font à craindre que fur les coftes de l'Europe, on n'en rencontre point dans cette route. Mais quand il nous faudroit fouffrir beaucoup, & effuyer de grands dangers, ce feroit auoir peu de zele, de ne vouloir pas entreprendre pour le feruice de Dieu, & pour la conuerfion de tant de peuples, vn voyage que tant de marchands, & tant d'autres particuliers font tous les iours pour des intereſts temporels. Il n'y a que celuy qui nous a rachetés par sa mort, & par son sang, qui sçache ce que vaut vne ame: nous pouuons dire, neantmoins sans craindre de nous tromper, qu'vn seul Sauuage de tant de millions, qui ont esté damnés depuis six mille ans, & des autres qui se perdront, si on ne les secourt, vaut mieux que toutes les richesses, & tous les thresors des Indes.

C'est chose digne de compassion, que dans quatre cens lieuës de coste, qu'on compte depuis la riuiere des Amazones iusques à Comana, & dans des terres presqu'infinies, qui s'étendent du Nord au Sud, il n'y ait aucun Prestre, ny Religieux qui puisse instruire en la Foy vne innombrable multitude de peuples qui y sont compris! les autres nations de l'Amerique peuuent estre secouruës des Espagnols, & des Portugais; mais personne ne pense au salut de celles-cy!

Ie regarde ces pauures malheureux, comme autant de personnes, qui ont fait naufrage, & qui emportés par les flots, tendent les mains à ceux qui les peuuent secourir: n'est-ce pas cruauté de les laisser perir miserablement, les pouuant si facilement sauuer ? Nous ne sçaurions contribuer que de nos sueurs, & de nos trauaux, & s'il est besoin de nostre sang à la conuersion de ces peuples; mais tout le monde y peut cooperer par les vœux, & par les prieres.

Nous ferons le plûtost que nous pourrons deux seminaires en terre ferme ; l'vn de petits garçons, dont nous prendrons le soin, l'autre de petites filles, dont nous donnerons la conduite à quelques sages, & vertueuses femmes. C'est le meilleur moyen pour conuertir bien-tost tout le pays, & pour gagner les peres, & les meres par les enfans.

Mon cher Lecteur priés Dieu qu'il donne sa benediction à cette entreprise, & dittes luy souuent auec nous, & auec le grand Apostre des Indes S. François Xauier :

Createur de l'Vniuers, souuenés vous que les ames des Infidelles sont vos images, & l'ouurage de vos mains,

& neantmoins les Enfers se remplissent tous les iours au mespris de vostre nom, & à l'auantage de vos ennemis, de ces miserables, & infortunées Creatures! Grand Dieu, ayés egard au sang que Iesus-Christ, vostre fils, a répandu pour eux, aussi bien que pour tous les autres hommes; & à la cruelle mort qu'il a souffert pour leur salut. Hé! Seigneur, ne permettés pas à l'auenir que vostre fils nostre Saueur & nostre Maistre, soit méprisé des Infidelles; mais faites qu'ils connoissent aussi bien que nous, celuy qui merite d'estre aymé, & d'estre honoré eternellement de toutes les Creatures. Ainsi soit-il.

FIN.

EXTRAIT D'VNE LETTRE
De Sainct Christophle, du 14. Iuin 1655. contenant quelques nouuelles du Pays.

Cette relation estant imprimée, nous avons receu des lettres de S. Christophle, qui portent quelques nouuelles assez considerables, pour n'en point priuer le public, voicy les principales.

LEs François ont esté fort alarmés de l'approche de l'armée nauale d'Angleterre, composée de 70. voiles, & de 10000. combattans; Elle passa a la veuë de Sainct Christophle le 16. d'Auril; & prist sa route vers les Isles de S. Domingue & de Cuba, qui appartiennent aux Espagnols. Les Generaux de cette armée enuoyerent complimenter Monsieur le Bailly de Poincy, & l'asseurerent qu'ils auoient ordre de maintenir l'vnion, & la bonne intelligence, qui auoit esté de tout temps entre les deux nations; le sieur Euret Gouuerneur des Anglois qui sont a S. Christophle, luy confirma la mesme chose, par trois des principaux habitans de l'Isle, par lesquels il luy fit representer, que depuis qu'il auoit pris possession de son gouuernement, il n'auoit pas encore signé l'ancien traité de paix, fait entre les François & les Anglois, & que s'il le trouuoit bon, ils le renouuelleroient. Ce qui ayant esté agreé de Monsieur de Poincy, la paix a esté confirmée selon les anciens articles, sans aucun aduantage d'vne nation, sur l'autre.

Elles portent pareillement, que le Pere Méland est en bonne santé, & qu'il trauaille auec beaucoup de succez en terre ferme, à l'instruction, & conuersion des Sauuages voisins de Sainct Thomas Dorinoque, dont il a déja baptizé bon nombre.

Tandis que le Pere Méland presche la Foy aux Sauuages, alliés, & confederés des Espagnols, nous nous disposons à en faire autant à ceux qui sont leurs ennemis, en sorte que par ce moyen nous entreprendrons la conuersion des vns & des autres, & pourrons, en trauaillant à leur salut, les reconcilier plus aisément.

Nous auons aussi receu nouuelles que la paix se traite entre les François & les Sauuages Caraybes des Isles, & que ceux de la Martinique, & de la Dominique commencent a visiter les François, ce qui nous fait croire que les Sauuages de S. Vincent en feront bientost autant, & que cette terre qui fut arrousée l'année passée du sang de deux de nos Peres, ne demeurera pas sterile, & sans fruit.

Cette paix tant desirée sera plus ferme, & plus asseurée que par le passé, dautant que les deux partis ont esté si fort incommodés de la guerre, qu'il feront tout leur possible pour l'éuiter à l'auenir, & le chemin de terre ferme sera plus libre à nos Missionaires, ausquels les seuls Caraybes pouuoient apporter quelque empeschement.

www.ingramcontent.com/pod-product-compliance
Lightning Source LLC
Chambersburg PA
CBHW071948160426
43198CB00011B/1590